Einführung in die Theorie des Kommunikativen Realismus

Werner Pfab · Matthias Klemm

Einführung in die Theorie des Kommunikativen Realismus

 Springer

Werner Pfab
Fulda, Hessen, Deutschland

Matthias Klemm
Erlangen, Bayern, Deutschland

ISBN 978-3-658-37775-5   ISBN 978-3-658-37776-2 (eBook)
https://doi.org/10.1007/978-3-658-37776-2

Die Deutsche Nationalbibliothek verzeichnet diese Publikation in der Deutschen Nationalbibliografie; detaillierte bibliografische Daten sind im Internet über http://dnb.d-nb.de abrufbar.

Planung/Lektorat: Eva Brechtel-Wahl
Springer ist ein Imprint der eingetragenen Gesellschaft Springer Fachmedien Wiesbaden GmbH und ist ein Teil von Springer Nature.
Die Anschrift der Gesellschaft ist: Abraham-Lincoln-Str. 46, 65189 Wiesbaden, Germany

Inhaltsverzeichnis

Einleitung

In diesem Band schlagen wir eine neue Betrachtungsweise sozialer Kommunikation vor. Wir nennen diese Betrachtungsweise „kommunikativer Realismus". Wir haben uns zu dieser Bezeichnung inspirieren lassen durch den Titel des Buches von Hubert Dreyfus und Charles Taylor: „Die Wiedergewinnung des Realismus" (Dreyfus und Taylor 2016). So wie Dreyfus und Taylor ein erkenntnistheoretisches Programm entwickeln, das auf einem unmittelbaren, nicht begrifflich vermittelten Erfassen der Wirklichkeit besteht, ist unsere Grundüberzeugung im kommunikativen Realismus, dass wir als Gesellschaftsmitglieder an Kommunikation in unmittelbarer, existentieller Weise beteiligt sind und im körperlich-geistigen Erleben einen unmittelbaren Zugang zum interaktiven Geschehen haben, und dass wir als Sozial- und Kulturwissenschaftler, wenn wir das Geschehen in Kommunikation aus dieser Unmittelbarkeit verstehen und begreifen, Qualitäten und Dimensionen von Kommunikation erschließen können, die erst ein angemessenes Verständnis von Kommunikation ermöglichen. Der *sinnhafte* Aufbau der sozialen Welt ist dann erst Resultat des *erlebensbasierten* Umgangs miteinander in der sozialen Interaktion. Individuen treten der Interaktion mit habituell durch ihre soziale Lage vorgeprägten Dispositionen bei, einer Interaktion, in die gesellschaftliche Widersprüche und Paradoxien miteingehen.

Auch uns geht es wie Dreyfus und Taylor um eine *Wieder*gewinnung, denn die Grundlagen, auf denen wir unser Programm entwickeln und auf das wir es fundieren, sind bereits in der ersten Hälfte des letzten Jahrhunderts gelegt worden. Es war insbesondere Max Scheler, der in seinen Ausführungen zur Intersubjektivität einen auf Fühlen und Erleben ruhenden unmittelbaren Zugang zur kommunikativen Welt offengelegt hat. Seine Überlegungen sind dann aber aufgrund faschistischer Wissenschaftsvernichtung zum einen und zeitgeistaffiner Theoriekonkurrenten zum anderen lange an den Rand des sozial- und kulturwissenschaftlichen Diskurses gedrängt worden. In deren Folge dominierten Ansätze,

W. Pfab und M. Klemm, *Einführung in die Theorie des Kommunikativen Realismus,* https://doi.org/10.1007/978-3-658-37776-2_1

die Kommunikation aus instrumenteller und funktionaler pragmatischer oder ver-
engter soziologischer Perspektive betrachteten (Kommunikation als Bewältigung
von Zwecken und Problemstellungen bzw. als Mittel der Herstellung sozialer
Ordnung). In diesen Ansätzen steht der Begriff des Sinns im Mittelpunkt ihrer
kommunikationswissenschaftlichen Arbeit. Die Ansätze gehen im Kern davon
aus, dass das kommunikative Geschehen ein Sinngeschehen ist, an dem die Individuen primär durch Interpretationsleistungen, durch subjektive Deutungsarbeit
und das dadurch angeleitete Handeln beteiligt sind.

In Abgrenzung zu solchen Ansätzen beginnen wir unsere Ausführungen
damit, dass wir uns zunächst kritisch mit solchen kommunikationswissenschaftlichen Ansätzen auseinandersetzen, für die die Vorstellung, dass Kommunikation
wesentlich auf Sinnsetzungen der kommunizierenden Subjekte beruht, dominant
ist, und für die der Begriff der „Konstruktion" zentral ist (Kap. 2). Wir werden
zeigen, wodurch das Konzept des Sinns diese zentrale Position im westlichen
Denken, im sinn-semantischen Diskurs, erlangt hat, wie der Begriff der Konstruktion in diesen Diskurs eingebunden ist, und wir werden auf Risse in dieser
hermeneutischen Matrix aufmerksam machen.

Im Anschluss daran werden wir auf der Basis von Überlegungen Max Schelers argumentieren, dass es sich bei Konstruktionen um bestimmte Typen von
Täuschungen handelt (Kap. 3). Die eine Täuschung besteht darin, dass das interaktive Geschehen Zeichencharakter hat, die Ereignisse also nur für etwas anderes
stehen – für Bedeutung etwa oder Sinn. Die zweite Täuschung besteht darin,
dass der Ort der Erfassung dieses Sinns in der inneren Wahrnehmung der Beteiligten liege. Beide Täuschungen führen, so zeigt Scheler, zu einer verkürzten
Wahrnehmung sozialer Wirklichkeit.

Als Alternative zu einer konstruktionsbasierten Theorie sozialer Interaktion
werden wir in Kap. 4 zeigen, dass Schelers Theorie der Intersubjektivität einen
Ansatz bietet, zu einer Vorstellung sozialer Kommunikation zu gelangen, die
weit über die Erfassung der Sinn-Dimension von Kommunikation hinausgeht. Die
Arbeiten zur sozialen Wahrnehmung von Erwin Straus ergänzen diesen Ansatz.
Mit ihnen lässt sich zum einen zeigen, dass Intersubjektivität keineswegs auf einer
Deckungsmenge von Zeichen beruht, sondern im vorsymbolischen gemeinsamen
Erleben in sozialer Interaktion gegründet ist, und zum zweiten, dass soziale Interaktion keineswegs als Austausch autonomer Handlungssubjekte erfolgt, sondern
dass Interaktionsbeteiligte stets in das dynamische Gewebe interaktiven Geschehens eingebunden sind. Diese Überlegungen wurden von Maurice Merleau-Ponty
weiterentwickelt. Sie sind in jüngerer Zeit v. a. von Shaun Gallagher aufgegriffen
und in aktuelle Diskurse eingebunden worden. Sie beziehen wir mit ein.

In Kap. 5 werden wir einige Arbeiten vorstellen, die sich als Vorarbeiten zu einem Forschungsprogramm des Kommunikativen Realismus verstehen lassen – Arbeiten zur Performanz, zur Poetik des Sprechens, zu Präsenz, zu *embodiment* und zur interaktiven Bedeutungskonstitution.

In Kap. 6 zeigen wir an zwei Beispielen, wie sich interaktive Phänomene, die bereits zum Gegenstand der Forschung gemacht wurden (Macht, Sprecherwechsel), auf der Grundlage des Kommunikativen Realismus neu konzeptualisieren und fruchtbar deuten lassen.

In Kap. 7 entwickeln wir mit dem Konzept der Interaktionsgeschichte einen methodischen Ansatz, der den Anspruch erhebt, interaktiver Wirklichkeit gewachsen zu sein. Im Gegensatz zu einer transkriptionsfixierten Darstellungsweise plädieren wir für eine narrative Darstellung interaktiven Geschehens, die das reiche Ausdrucksrepertoire literarischer Darstellung ausnutzt, um der Komplexität interaktiven Geschehens gerecht zu werden.

In einem abschließenden Kap. 8 setzen wir uns noch einmal kritisch mit drei wirkmächtigen Deutungskategorien alltäglicher Kommunikation auseinander, der Annahme von „Empathie" als Grundvoraussetzung des Gelingens von Kommunikation, der Vorstellung von „Aushandlung" als Bild interaktiven Geschehens und der Idee von „Sinn" als Fixpunkt von Kommunikation.

Die Leitmetapher „Konstruktion" im kommunikationswissenschaftlichen Diskurs

2

„Do not interpretations belong to god?" (1. Moses 40,8)

„Auslegen gehöret Gott zu."

Für viele aktuelle kommunikationswissenschaftliche Ansätze ist die Vorstellung, Erkenntnisse über Kommunikation auf der Grundlage der Bestimmung subjektiver Sinnleistungen und Deutungsmuster kommunikativen Geschehens zu gewinnen, eine selbstverständliche Denk- und Arbeitsvoraussetzung, insbesondere deshalb, weil diese Vorstellung an einer dominanten sozialwissenschaftlichen Strömung partizipiert, dem sinn-semantischen Diskurs.

2.1 Schlüsselbegriffe des sinn-semantischen Diskurses

Unter sinn-semantischem Diskurs verstehen wir Theorieansätze, Forschungsprogramme und Konzepte, denen zufolge soziale Interaktionen wesentlich durch die Herstellung von Sinn und Bedeutung bestimmt sind. Deutlich formuliert ist ein solches Konzept z. B. bei einem der prominentesten Vertreter dieses Diskurses, dem Anthropologen Clifford Geertz, wenn er schreibt:

> „The concept of culture I espouse, and whose utility the essays below attempt to demonstrate, is essentially a semiotic one. Believing, with Max Weber, that man is an animal suspended in webs of significance he himself has spun, I take culture to be those webs, and the analysis of it to be therefore (...) an interpretive one in search of

© Der/die Autor(en), exklusiv lizenziert an Springer Fachmedien Wiesbaden GmbH, ein Teil von Springer Nature 2022
W. Pfab und M. Klemm, *Einführung in die Theorie des Kommunikativen Realismus*, https://doi.org/10.1007/978-3-658-37776-2_2

meaning. It is explication I am after, construing social expressions on their surface enigmatical" (Geertz 1973, S. 5).[1]

Der Prototyp sozialer Tatsachen ist bei Geertz der *Text,* der auf seinen Sinn und seine Bedeutung hin analysiert wird. Insofern ist die Arbeit von sozialwissenschaftlich Forschenden (bei ihm die Arbeit des Ethnographen) „much more like that of the literary critic" (Geertz 1973, S. 9) und diese Arbeit ist die Arbeit der Interpretation („an interpretive one in search of meaning" (Geertz 1973, S. 5)). Geertz ergänzt den Arbeitsauftrag dieses Forschungsprogramms um den Zusatz „constructing social expressions on their surface enigmatical." (Geertz 1973, S. 5) Dieser Arbeitsauftrag ist damit von zwei Voraussetzungen bestimmt: von der konzeptionellen Unterscheidung von Oberfläche und Tiefe und von der Rätselhaftigkeit oder Fremdheit des untersuchten Phänomens. Beide Momente sind i. d. T. folgenreich für das Forschungsprogramm: Die Voraussetzung der Fremdheit oder Rätselhaftigkeit erzeugt eine analytische Haltung der Nachdenklichkeit, Reflexion und Distanziertheit, durch die das Moment der Bedeutung überhaupt erst relevant wird. Das dieser Haltung innewohnende Moment des Zweifels ist wesentlich. Wir werden an späterer Stelle im Anschluss in Dreyfus und Taylor (2016) argumentieren, dass über die *methodische* Haltung des Zweifelns hinaus im sozialwissenschaftlichen Diskurs eine „Ontologisierung des Zweifels" stattfindet (Dreyfus und Taylor 2016, S. 192): („Was mag dies bedeuten?", „worin liegt der Sinn dessen, was ich erlebe (sehe, höre)?"). Zugleich suggeriert die Koppelung von Oberfläche mit Rätselhaftigkeit, dass die „Lösung" in der „Tiefe" des Phänomens zu suchen ist. Für Geertz ist auf der Grundlage dieser Bestimmungen seine Tätigkeit („ethnographic description") durch drei Momente definiert: „it is interpretive; what it is interpretive of is the flow of social discourse; and the interpreting involved consists in trying to rescue the „said" of such discourse from its perishing occasions and fix it in perusable terms" (Geertz 1983, S. 20). Gegenstand der Tätigkeit ist also „the flow of social discourse", dessen Bedeutung, Sinn – the „said" – angesichts der Flüchtigkeit des Geschehens gerettet („to rescue") werden muss. Ziel ist also die Fixierung von Bedeutung („fixation of meaning" (Geertz 1983, S. 31)).

Auch bei Berger und Luckmanns „Soziale Konstruktion der Wirklichkeit" (1977), einem weiteren zentralen Referenzwerk des sinn-semantischen Diskurses, ist der Fokus durch diese Schlüsselbegriffe unmittelbar und nicht hintergehbar

---

[1] Diese Bestimmung wird häufig zitiert. Die meisten Zitierungen brechen aber interessanterweise vor dem letzten Satz ab.

gesetzt: „Die Alltagswelt breitet sich vor uns aus als Wirklichkeit, die von Menschen *begriffen und gedeutet* wird und ihnen *subjektiv sinnhaft* erscheint." (Berger und Luckmann 1977, S. 21, u.H.). Sie formulieren entsprechend als Arbeitsauftrag: „Wenn wir jedermanns Wirklichkeit beschreiben wollen, müssen wir uns mit jedermanns *Interpretationen* seiner Wirklichkeit auseinandersetzen." (Berger und Luckmann 1977, S. 23, u.H.).

Diese Fixierung auf die Kategorien des „Sinns", der „Bedeutung" und der „Interpretation" als Schlüsselbegriffen zieht sich kontinuierlich bis zu heutigen Ansätzen. So schreibt etwa Eberle: „Um nun zu verstehen, was in der Gesellschaft (bzw. in einem konkreten sozialen Setting) vor sich geht, muss die Soziologie die Sinnzusammenhänge erfassen, in welche die Handlungen der Akteure eingebettet sind. Diese bilden die Konstruktionen erster Ordnung" (Eberle 2000, S. 231).

2.2 Die Eingängigkeit der Leitmetapher – Erklärungsversuche

Woher kommt, um mit Gumbrecht zu sprechen, „…die geisteswissenschaftliche Obsession, (…) die ,Sinnhaftigkeit' jeglicher Phänomene zu unterstellen" (Gumbrecht 1988, S. 729)?

Wir stellen im folgenden drei Überlegungen vor, die zu einer Erklärung dieser „Obsession" beitragen können: Der erste Ansatz zeigt die Kontinuität und Prominenz der Vorstellung einer verschlüsselten Welt zusammen mit dem Auftrag ihrer Entschlüsselung in der westlichen Ideengeschichte (die Lesbarkeit der Welt) (Abschn. 2.2.1); der zweite Ansatz zeigt, welche Verführungen die Vorstellung eines durch Konstruktionen die Wirklichkeit schaffenden Subjekts für das moderne westliche Selbstkonzept birgt (das Ideal von Freiheit und Verantwortung, Abschn. 2.2.2); der dritte Ansatz zeigt den Zusammenhang auf zwischen dem Streben einer Beherrschung der Welt durch Wissen und einer interpretativen Haltung zur Welt (das hermeneutische Feld) (Abschn. 2.2.3).

2.2.1 Die Lesbarkeit der Welt – Entschlüsselungskunst als geläufiger Topos

Die „Lesbarkeit der Welt" ist eine metaphorische Figur mit langer Kontinuität in der europäischen Ideengeschichte. Hans Blumenberg (1981) hat diese Geschichte ausgehend von der Bibel bis hin zur Traumdeutung dargestellt. Stets geht es „um das Mitlesen des hintergründigen Sinnes am vordergründigen Text. Vor allem ist

das Buch der Welt nicht das der Natur, nicht einmal das der Menschennatur."
(Blumenberg 1981, S. 111). An dieser Stelle soll jene historische Phase her-
ausgegriffen werden, in der die Vorstellung der Welt als zu entzifferndes Buch
oder Text ausgehend von der Natur auf die Gesellschaft übertragen wurde –
die Renaissance. Ein Schlüsseltext in diesem Zusammenhang ist der Roman „El
Criticon" von Balthasar Gracián (2001). In diesem Buch wird ein in der Natur
aufgewachsener junger Mann von seinem lebensklugen Begleiter in die Welt der
Menschen mit all ihren Täuschungen und Verstellungen eingeführt. Um in dieser
Welt überleben zu können, ist es zwingend, die Dinge richtig lesen zu können:

„Nur als Hintergrund ist das Buch der Natur herangezogen, weil sich vor
ihm abhebt, wie schwierig das Buch der Menschenwelt in seiner moralischen
Verschlüsselung zu lesen ist. Nicht mehr die Gottheit verbirgt sich vor ihren
Geschöpfen in der Natur, sondern diese verbergen sich voreinander in ihrer Kultur. Derjenige habe gut gesprochen, der als das beste Buch von der Welt die Welt
selbst bezeichnet habe: que el mejor libro del mundo era el mismo mundo." (Blumenberg 1981, S. 111). Die elementare Erfahrung im Umgang mit Menschen, die
in diesem Buch[2] immer wieder reflektiert wird, ist, dass die meisten Dinge nicht
das sind, als was man sie liest. Daher ist die Fähigkeit zum kundigen Lesen, zur
Entschlüsselung der Doppeldeutigkeit des Textes Bedingung gelingenden Lebens
unter gesellschaftlichen Rahmenbedingungen von Täuschung und Verstellung. In
diesem Sinne ist Entschlüsselungskunst Moralistik.

Diese moralisch orientierte Entschlüsselungskunst lässt sich historisch und
sozial in der europäischen Geschichte in der Verhöflichung von Machtbeziehun-
gen in und seit der Renaissance verorten. Der Ort des überlebensnotwendigen
Praktizierens von Taktiken des Täuschens (simulatio) und des Verbergens (dissi-
muatio) und der Reflexion auf die Lüge und Wahrheit ist die höfische Interaktion
(Snyder 2009; W. Pfab 2021). Durch die Propagierung einer bürgerlichen
Kommunikationskultur mit ihrer Leitfigur des ehrlichen Kaufmanns und der
Handlungstheorie Adam Smiths in der Temperierung des Gefühlsausdrucks als
Grundlage des vernünftigen Tauschs und Umgangs miteinander (Smith 2004)
wird der Topos der Entschlüsselungskunst zwar anders positioniert, ohne aber
außer Kraft gesetzt zu werden.

---

[2] Und in anderen aus dieser Zeit ebenfalls, vorzüglich in Graciáns „Handorakel oder die
Kunst der Weltklugheit" (2015), z. B. im Bild des Schlüssels zur Zifferschrift fremder
Absichten (§ 193).

2.2.2   Leitideen der westlichen Moderne – Verführungen im Ideal von Freiheit und persönlicher Verantwortung

Die Vorstellung, dass wir die Wirklichkeit *nur* durch Vorstellungen, Repräsentationen, (sprachliche) Konstruktionen, mentale Rekonstruktionen, Ideen oder andere, jedenfalls mentale,[3] Größen erfahren, die uns in reflexiver Zuwendung zugänglich sind, spielt eine Schlüsselrolle im Selbstverständigungsdiskurs der westlichen Moderne über Existenz, Erkenntnis und soziales Zusammenleben und erfährt durch deren gesellschaftlichen Praktiken und die Deutung gesellschaftlicher Produktionen eine kontinuierliche Bestätigung[4].

Mit dieser Vorstellung ist ein starker gesellschaftlicher Impuls und eine hohe individuelle Attraktivität verbunden. Dreyfus und Taylor (2016) weisen auf folgende Momente hin (S. 52 ff.):

- die Haltung der „Entzauberung": Sachverhalte können in ihrer Faktizität „entlarvt" werden – dies führt nach Dreyfus & Taylor zu einer Reduktion von Furcht der Welt gegenüber und zu einem Gefühl von Unverletzlichkeit;
- ein Gefühl von Würde auf der Basis von Vorstellungen von Autonomie und wirklichkeitsschaffender Kompetenz, das wiederum moderne Vorstellungen von subjektiver Potenz erhöht[5];
- die Haltung persönlicher Verantwortung: wenn die Dinge nicht sind, wie sie sind, sondern wie sie von uns bzw. vom Einzelnen gemacht sind, übernimmt das Subjekt die Verantwortung dafür, wie sie sind;
- wenn es von unserer Deutungs- und Gestaltungsmacht abhängt, wie die Dinge sind, haben wir die Möglichkeit, sie umzugestalten bzw. anders zu sehen – dieser Gedanke bedient unsere Wertschätzung von Freiheit und Autonomie.

So tragen diese Momente zu dem bei, was Dreyfus und Taylor den „Diskurs der Selbstbeweihräucherung" (2016, S. 54) nennen und erfahren von daher ihre Attraktivität und scheinbare Selbstverständlichkeit.

---

[3] ggf. auch neurologische Prozesse.

[4] Zur Wirkungsweise des Zusammenhangs von Selbstverständigungsdiskurs und sozialen Praktiken vgl. exemplarisch Hanks (1990).

[5] Jedoch hat bereits 1994 Kohli gewarnt: „[…] der Begriff ‚gesellschaftliche Konstruktion' kann in täuschend optimistische Vorstellungen der Gestaltbarkeit der Lebensalter durch individuelles Handeln […] münden. Dies ist eine Täuschung, zu der man durch die populär gewordenen Varianten eines schrankenlosen Konstruktivismus leicht verführt wird. In der Tat gehen manche Sozialwissenschaftler davon aus, daß ein Phänomen, das gesellschaftlich konstruiert ist, auch ohne weiteres umkonstruiert werden kann" (Kohli 1994, 234).

2.2.3 Das hermeneutische Feld – die Phantasie der Weltherrschaft durch Wissen

Gumbrecht (2012) betont in seiner Erörterung des Selbstverständnisses des modernen Menschen, wie es sich seit der Renaissance herausgebildet hat, folgende Momente:

- die exzentrische, aus dem Kosmos herausgehobene Position des Menschen gegenüber der Welt mit der Unterscheidung in Subjekt (Mensch) und Objekt (Welt) und der Vorstellung der Welt-Wissen produzierenden Menschen;
- die Trennung in Körper und Geist mit der Zuordnung der Erzeugung von Welt-Wissen zu körper- und damit geschlechtslosem Geist einerseits und der sinnlichen Wahrnehmung zum Körper andererseits;
- die Unterscheidung in Oberfläche und Tiefe. Gumbrecht interpretiert (wie auch Dreyfus und Taylor) diese Unterscheidung als Resultat des Bedürfnisses nach Gewissheit: „‚Tiefe' läßt sich aber auch mit ‚Endgültigkeit' assoziieren und mit dem existentiellen Bedürfnis, via Interpretationen einen ‚Grund' zu erreichen, der eine sichere Basis für Verhalten und Handeln bietet" (Gumbrecht 2012, S. 195).

Diese Unterscheidung ermöglicht zum einen die Deutungsfigur des „Verbergens": „Das – körperlose – kognitive Subjekt kann (…) den Körper benutzen, um unter ihm oder hinter ihm die Wahrheit seiner Intentionen und Strategien zu verbergen" (Gumbrecht 2012, S. 195). Zum anderen ist diese Unterscheidung Voraussetzung für die Entwicklung einer Vorstellung von „Ausdruck", in dem der – tiefe – Geist sich an der wahrnehmbaren Oberfläche offenbart.[6]

Diese drei Momente konstituieren, was Gumbrecht das „hermeneutische Feld" nennt.

2.3 Das Konzept der „Konstruktion"

Treffend formuliert Eberle: „Der Begriff ‚soziale Konstruktion' wurde durch Berger und Luckmanns Buch „Die soziale Konstruktion der Wirklichkeit" *in die*

---

[6] Zur politisch-praktischen Wirksamkeit dieser Unterscheidung anregend Taussigs Überlegungen zum „Staatsfetischismus" (Taussig 2013, 91 ff.).

Welt gesetzt" (2000, S. 228, u.H.). Dies war der Startpunkt einer atemberaubenden Karriere.[7] Diese Karriere ist einerseits angesichts der Rahmenbedingungen sozialwissenschaftlichen Denkens (s. o.) nicht verwunderlich, andererseits angesichts der Unklarheit der Kategorie doch erstaunlich. Wenn Eberle einräumt, „Was ‚soziale Konstruktion' nun genau meint, bleibt auch bei Berger und Luckmann mehrdeutig" (2000, S. 230), so ist dies noch wohlwollend formuliert – tatsächlich lassen es Berger und Luckmann an jeglicher Explikation des Ausdrucks „Konstruktion" fehlen. Auch Luckmanns Überlegungen zur Abgrenzung individueller Konstitutions- von sozialen Konstruktionsprozessen schaffen keine Klarheit (Luckmann 1999). Im ganz überwiegenden Teil dieses Aufsatzes beschäftigt sich Luckmann mit der Frage, wie sich in Gesellschaften die Abgrenzung von Natur und Kultur vollzieht. In dieser Beschäftigung ist auch von „Konstruktion" die Rede, doch bleibt der Ausdruck unexpliziert. Nur ganz zum Schluß gibt Luckmann „[…] zu den Vorgängen der Konstruktion historischer Welten in gesellschaftlichen Handlungen […] eine Erläuterung" (Luckmann 1999, S. 28): Durch Handlungen werden intendierte und nichtintendierte Bedeutungsbestände geschaffen (wie sie anders herum von Bedeutungsbeständen (Kultur) inspiriert und begrenzt werden), indem ihre Resultate „ausgewählt und systematisiert" werden. „Konstruktion ist also", so schließt Luckmann seine Erläuterung und damit seinen Aufsatz „eine zielgerichtete, menschliche, gesellschaftliche Tätigkeit unter kontingenten Randbedingungen." (Luckmann 1999, S. 28). Durch die Passivkonstruktion „werden ausgewählt und systematisiert" bleibt jedoch unklar, *wer* auswählt und systematisiert. Ferner kommt die Bestimmung des Ausdrucks „Konstruktion" als Schlussfolgerung daher, ohne dass logisch eine solche vorläge. Schließlich ist die Bestimmung des Ausdrucks „Konstruktion" als einer Tätigkeit (resp. als Handeln) tautologisch, weil Handeln bei Luckmann wiederum immer als sinnstiftende Tätigkeit definiert ist.

Konstruktion meint demnach so etwas wie die intersubjektiv abgestützte handelnde Hervorbringung bzw. Verfertigung von Wissen in der Form von sprachlichen Ausdrücken, Texten usw. (vgl. Klemm 2019). Im Fokus stehen dabei Handlungsprobleme und deren Lösungen, wie sie im Alltag der Subjekte relevant sind. So wird mit dem Begriff der Konstruktion bei Berger und Luckmann eine Lücke aufgetan zwischen alltäglichen Wissenskonstruktionsprozessen und institutionellen Deutungsmustern sowie großflächigen, mehr oder weniger ideologisch ausgerichteten Wissenssystemen. Die Wissenssoziologie wird so auf eine

---

[7] Eberle hat herausgefunden: „Im Survey der International Sociological Association über die einflussreichsten soziologischen Bücher des 20. Jahrhunderts figuriert Berger und Luckmann auf Rang 5" (Eberle 2000, S. 229).

neue Leitunterscheidung bezogen, die nun nicht mehr die zwischen Ideologie und Wahrheit ist, sondern die zwischen Ideologie und praktischer Relevanz (also der Lösung von Handlungsproblemen). Wie Luckmann mit der Analyse der Kontingenz der Natur-Kultur-Unterscheidung deutlich machen möchte, variieren jene Konstruktionen. Ihre Geltung ist an ihre gesellschaftliche Tradierung gebunden. Konstruktion meint so gesehen immer auch Kritik an herrschenden Deutungssystemen, die so oder auch anders sein könnten (s. u.).

2.4 Kommunikationstheoretische Implikationen des Konstruktionsbegriffs

Im Rahmen des sinn-semantischen Diskurses werden Sozialität und Kultur als durch Sinnleistungen von Subjekten zustande kommend gedacht, die im Rahmen von Sinnsystemen handeln. In diesem Rahmen ist Kommunikation in eigentümlicher Weise unterbestimmt: Kommunikation spielt keine zentrale Rolle, weil die wesentlichen Prozesse sich in den subjektiven Sinnsetzungen der einzelnen Gesellschaftsmitglieder abspielen[8]. Diese Sinnsetzungen selbst sollen dann das Problem der Intersubjektivität lösen: „Die subjektiv erworbenen kulturellen Interpretationsschemata bilden die Ressourcen, mittels derer ein alter ego verstanden werden kann" (Eberle 2000, S. 242). Fragt man nach, wie Intersubjektivität durch Subjektivität zustande kommen kann, wird man mit Berger und Luckmann (1977) auf eine nicht weiter erläuterte Figur der „Korrespondenz" oder auf den Topos der teilweisen Deckung von Schnittmengen verwiesen: „Intersubjektivität ist fortwährende Korrespondenz meiner und ihrer Auffassungen von und in dieser Welt" (Berger und Luckmann 1977, S. 26). „Mein ‚Jetzt' deckt sich nicht ganz mit dem ihren. Dennoch – ich weiß, daß ich in einer gemeinsamen Welt mit ihnen lebe" (Berger und Luckmann 1977, S. 26). Die Gedankenfigur der „Deckung" ist in der Literatur omnipräsent; sie wird zwar i. d. R. negativ eingeführt[9], aber damit dennoch als prinzipiell gegeben präsupponiert. Gegen

---

[8] Die Subjektbezogenheit des konstruktivistischen Ansatzes ergibt sich zwingend aus dem Primat der „Sinnsetzung" bzw. der „Wissensvorräte" (Eberle 2000 S. 242) – nur Subjekte können „wissen", Interaktion kann nicht wissen. Würde man stattdessen von einem Konzept des „sinnlichen Erlebens" als Basiskategorie von Kommunikation ausgehen, gelangte man zu Begriffen, die nicht auf Wissen, sondern auf *Gemeinschaft* bezogen wären; siehe dazu auch Straus (1978) und weiter unten, Kap. 4.

[9] Eberle: „…die subjektiven Wissensvorräte der beteiligten Akteure (sind) nie deckungsgleich." (Eberle 2000, 242)

diese Schnittmengen-Vorstellung hat Schröer jedoch den entscheidenden Einwand geliefert:

> „Das übliche Ausweichen auf die Unterstellung von intersubjektiven Schnittmengen ist nicht nur aus erkenntnistheoretischer Perspektive problematisch: Es ist kaum möglich, aus divergierenden Wissenskontexten identische Wissensbestände herauszuschneiden, da sich die Bedeutung von Wissensausschnitten stets aus dem Gesamtkontext ergibt" (Schröer 1999, S. 207).

Es hilft denn auch nichts, wenn man den *Vollzug* von Intersubjektivität erläutern möchte, auf die „subtilen Analysen" von Ethnomethodologie und Konversationsanalyse auszuweichen, so wie Eberle dies tut (2000, S. 243), denn diese „subtilen Analysen" beruhen, was ihre Methodologie angeht, selbst auf höchst fragwürdigen Voraussetzungen (Nothdurft 2006; Nothdurft 2014 und s. u. Abschn. 7.2) und lassen es, was die Theorie angeht, an einem Begriff von Intersubjektivität gerade fehlen.

2.5 Risse in der hermeneutischen Matrix

In seinem aktuellen Zustand ist der sinn-semantische Diskurs durch eine Striktheit und Hermetik geprägt, die bemerkenswert ist. Insbesondere die Kategorien des „Sinns" und der „Konstruktion" erscheinen als nicht-hintergehbar und als die ausschließlichen Kategorien zur Erfassung sozialer Wirklichkeit. Und dennoch finden sich mitunter Stellen in konstruktivistisch orientierten Arbeiten, an denen die Autoren und Autorinnen – geradezu verlegen angesichts ihrer Feststellungen – auf Phänomene aufmerksam machen, die einer auf Sinn und subjektive Konstruktionen fixierten Betrachtungsweise gerade entgehen, aber vielleicht doch von Bedeutung sein mögen – Phänomene, die auf einer vor-symbolischen Ebene liegen, oder die aufgrund ihres suggestiven Charakters keinen Konstruktionsspielraum lassen. Das textuelle Verfahren, in dem solche Erwähnungen erfolgen, kann man durchaus als Vermeidungsverhalten bezeichnen.

So schreibt z. B. Eberle: „Ob nicht-kommunizierte Erfahrungen zuweilen nicht doch wesentliche Aspekte der subjektiven Handlungsorientierung ausmachen, *sei hier nicht weiter diskutiert.*" (2000, S. 239, u.H.)

Reichertz (2009, S. 68) weist auf die „petite perceptions" hin, Wahrnehmungen, „derer wir uns nicht bewußt sind" (Schütz 2004, S. 307), die aber „[…]" ohne daß wir es wissen, viele unserer Handlungen bestimmen" (ebd.), bedauert deren Nichtberücksichtigung „[…] innerhalb der phänomenologischen Diskussion" (Reichertz 2009, S. 68), um – als habe er sich dabei ertappt, auf Abwege geraten zu sein – sich eilig in die überväterlichen Arme des Konstruktivismus zu retten: „*Doch zurück* zu der These Luckmanns…" (2009, S. 69, u.H.) und begibt sich wieder auf konstruktivistisch-sicheres Terrain der Subjektivität.

Berger und Luckmann (1977) bringen es fertig, einer Beschreibung menschlicher Erfahrung von Welt, in der der Mensch sich als Moment einer vorarrangierten Wirklichkeit – und keineswegs als Konstrukteur einer solchen – erfährt, ohne weiteres eine Beschreibung anzuschließen, in der die Welt als das Hier-und-Jetzt subjektiver Erfahrung erscheint (S. 24). Und noch 30 Jahre später bedient sich Luckmann der gleichen unkommentierten Kontraposition:

> „In der Alltagswelt ist die Anspannung des Bewußtseins am stärksten, das heißt, die Alltagswelt installiert sich im Bewußtsein in der massivsten, aufdringlichsten, intensivsten Weise. In ihrer imperativen Gegenwärtigkeit ist sie unmöglich zu ignorieren. […] Ich erlebe die Alltagswelt im Zustande voller Wachheit" (Luckmann 1999, S. 24).

Könnte es also sein, dass es noch etwas zu entdecken gibt in der sozialen Wirklichkeit, was Vertreter des sinn-semantischen Diskurses wohl wittern, aber nicht sagen, und was sich vom sinn-semantischen Diskurs nicht aufschließen lässt? Oder – gewichtiger noch – könnte es sein, dass die Kategorien dieses Diskurses die Entdeckung von Momenten der sozialen Wirklichkeit gerade verhindern?

„Konstruktion" als fundamentale Täuschung

Konstruktion und Konstruktivismus sind, wie wir gesehen haben, die begrifflichen Markenzeichen des rezenten sinn-semantischen Diskurses schlechthin. Dass
Erkenntnis immer auf Konstruktionen beruht, die z. B. in der Gestalt von Pro-
positionen über Weltsachverhalte schriftlich fixiert wurden oder die in Form von
Gedanken und Vorstellungen sich vom Vorgestellten unterscheiden, liegt auf der
Hand. Was aber genau mit dem Begriff der „Konstruktion" bezeichnet wird, wenn
er auf Wirklichkeit und die alltägliche handelnde Verstrickung in diese bezogen
wird, ist, wie gezeigt, unklar.[1] Im Zuge der Ausformulierung des gesellschaftlichen Konstruktivismus zum sogenannten „kommunikativen Konstruktivismus"
wird immerhin deutlich, dass Konstruktion ein pragmatisch orientiertes Handeln
der Herstellung von Bedeutung meint (s. o.; Reichertz 2013). In zeichenförmi-
gen kommunikativen Abstimmungsvorgängen werden, so die Auffassung, nicht
nur Informationen ausgetauscht und wird nicht nur gemeinsames Wissen gestif-
tet. Vielmehr ist dieser Vorgang *zugleich* von pragmatischen Motiven geleitet und
mit dem Aufbau von Machtressourcen und -ungleichgewichten verbunden. Die
Herstellung von Wissen und praktisch wirksamer Bedeutung soll also kein frei-
schwebendes Verfahren darstellen, sondern ein interessengeleitetes und dadurch

---

[1] Siehe aber die instruktiven Abgrenzungen zwischen sozialem, methodischem und radika-
lem Konstruktivismus, die etwa Janich (1996) vorgelegt hat. Hierbei steht nicht der Prozess alltäglichen Konstruierens im Vordergrund, sondern die mit dem Begriff angezeigte
erkenntnistheoretische Position. Der gemeinsame Bezugspunkt der Konstruktivismen ist hier
die durchaus überzeugende Einsicht, dass wissenschaftliche Erkenntnis sich keinesfalls aus
unmittelbarer Anschauung oder gelebter Erfahrung der Welt, wie sie ist, speist. Sie unterscheidet sich in der Distanz zum Objekt de Erkenntnis. Diese wird auch im Streit um
„post-konstruktivistische Positionen" verhandelt.

W. Pfab und M. Klemm, *Einführung in die Theorie des Kommunikativen
Realismus,* https://doi.org/10.1007/978-3-658-37776-2_3

ein durch das gemeinsame Bewohnen der Welt abgesichertes sein. Das gegenwärtige Verständnis des Konstruktivismus stützt sich so gesehen auf drei zentrale
Annahmen (vgl. Knoblauch 2013):

- Subjektiv relevantes Wissen wird in einem intersubjektiven Verfertigungspro-
  zess im Medium von Zeichen und Bedeutung gebildet. Dank der sozialen
  Verfertigung sollen Subjekte über ein gemeinsam geteiltes Wissen von der
  Welt verfügen.
- Jene Vorgänge der Verfertigung von Bedeutung basieren nicht auf freischwebenden Verständigungsvorgängen, sondern sie sind lebensweltlich als
  Handlungen und deren Verschränkung zu verstehen.[2]
- Der eigentliche Ort des Wissens ist die subjektive Perspektive, in der das kon-
  struierte Wissen mittels intentionaler Konstitutionsprozesse geschaffen wird
  (s. o.).
- Die Zeichen der Kommunikation sind in diesem Verständnis Symbole für sub-
  jektive Intentionen. Sie „stehen", wie körperlich-leibliche Bewegungen auch,
  „für" den Sinn, den ihr Benutzer und Produzent mit ihnen verbindet. Deshalb
  haben auch Handlungen, *wenn* sie als Handlungen wahrgenommen werden,
  immer Zeichencharakter. Das Verstehen der Zeichen beruht auf einem Akt der
  Selbstauslegung der gesehenen und gehörten Zeichen seitens der Deutenden.
  Sie beziehen Zeichen und Symbole pragmatisch *auf* sich – *und zwar in einem
  Akt der Selbstauslegung der Zeichen und Symbole vor dem Hintergrund* ihres
  zur Verfügung stehenden Wissens. Wissen bildet jene Ressource, mithilfe derer
  die Auslegung (näherungsweise) geschehen kann.

Die soeben skizzierten Annahmen basieren in einer von Max Scheler ausge-
henden Sicht jedoch auf einer *fundamentalen Täuschung.* Die Täuschung besteht
erstens in der Unterstellung, dass die Welt in der „äußeren" Wahrnehmung nur in
ihrer Oberfläche erfassbar sei, wir also Dinge, Menschen und Handlungen nur als
Zeichen erfassen können, etwa als „display" für etwas anderes – namentlich für
die Bedeutung, die diese (für uns) haben; zweitens, dass der „Ort" der Erfassung
der Tiefenstruktur der Dinge, Menschen und Handlungen, also der Konstruktionen, die jene verstehen helfen, ausschließlich in der „inneren" Wahrnehmung des
eigenen Wissens und der eigenen Gefühle liege. Die Differenz zwischen display
und Bedeutung, also dem, was Andere tun und dem, was dieses Tun für sie – und
für mich – bedeutet, charakterisiert aber lt. Scheler nur einen Spezialfall sozialer

---

[2] Knoblauch hält diese Handlungsverankerung zugleich für den wesentlichen Schritt einer
strikt empirischen Fundierung des Konstruktivismus.

Interaktion, nämlich jene Situation, in der wir überlegt miteinander umgehen und aufeinander reagieren. Sie entpuppt sich bei genauerer Betrachtung als nur *ein* spezielles Deutungsmuster der Strukturierung alltäglicher Situationen, welches die Breite der Erfahrung der Einbindung in Kommunikation verkürzt.

Scheler stellt in seinem Aufsatz „Die Idole der Selbsterkenntnis" (1955) klar, dass diese Form nicht als Grundgerüst unseres kommunikativ vermittelten Weltzugangs akzeptiert werden kann, weil es eine ganze Reihe von Erfahrungstatsachen ausblendet oder wegdefiniert. Wir diskutieren im Folgenden, worin die Täuschung in diesem Modell besteht (Abschn. 3.1), dann die Täuschungsrichtungen, die jenes Deutungsmuster ausmachen (Abschn. 3.2) und anschließend die pragmatistische Verengung des Konstruktivismus, die am Grunde der Täuschung liegt (Abschn. 3.3).

3.1   Was heißt „Täuschung"?

Täuschungen sind ein beliebter Gegenstand, um die pragmatische Relevanz von Symbolen und Wissen für das Handeln zu erläutern. Wir greifen ein Beispiel aus Deweys Sozialphilosophie heraus (2001). Dewey analysiert das Phänomen der auf- und untergehenden Sonne. Vom Standpunkt des Wissens aus gesehen handelt es sich hierbei um eine Täuschung und zwar deshalb, weil wir *wissen*, dass die Sonne als Fixstern sich nicht bewegt. Vielmehr ist es unser Standpunkt, der sich im Zuge der Erdrotation relativ zur Sonne verändert. Interessanterweise geht im Alltag dem zum Trotz die Sonne weiterhin auf und unter. Wir sind gewillt, dies als einen *Irrtum* unseres Denkens und Wahrnehmens zu akzeptieren, der sich naturwissenschaftlich erklären lässt. Das heißt, wir *sehen* zwar den Auf- und Untergang sowie das Wandern der Sonne über den Himmel, wir halten diese Wanderung aber für eine Täuschung – obwohl wir sie weiterhin „haben". Die pragmatische Bedeutung des Wissens besteht demnach *nicht* darin, unsere Wahrnehmung zu verändern, denn dies gelingt uns offenbar nicht, sondern darin, uns die physikalische Struktur hinter der Wahrnehmung zugänglich zu machen und so unsere Handlungsoptionen *symbolisch* zu erweitern: die Erde dreht sich um die Sonne.

Nun spart Dewey mit dieser scheinbar plausiblen Lösung des Täuschungsproblems als einem kognitiven Irrtum ein Phänomen aus: Die Täuschung bleibt auch dann noch bestehen, wenn wir wissen, dass wir uns irren. Dewey scheint kein Problem mit der Persistenz eines „falschen" Wahrnehmungsbildes der auf- und untergehenden Sonne zu haben, jedenfalls setzt er sich damit nicht weiter auseinander. Das Problem scheint durch die Theorie der Erdrotation erklärt. Scheler macht diese analytische Lücke am Beispiel eines im Wasser stehenden Stabes deutlich, der in der Wasserspiegelung als gebrochen wahrgenommen wird, der sich aber, tastet man ihn ab, als ungebrochen und gerade herausstellt. In diesem wie in Deweys Beispiel ergibt sich Täuschung nicht aus einem Mangel an Wissen oder aus einer fehlgeleiteten Erwartung über den Zustand des Stabes (oder der Sonnenwanderung): „Die Täuschung kann [...] nicht darin *bestehen, daß* jene unerfüllte Erwartung besteht. Denn nach der Abtastung besteht sie *nicht* mehr; und doch ist die Täuschung da" (Scheler 1955, S. 224; Hervorh. i. Orig.) Die Gebrochenheit wird vielmehr weiterhin als „reale Eigenschaft des Stabdings" (ebd.) perzipiert. Die Wahrnehmung der Gebrochenheit *ist* mit anderen Worten eine Tatsache, sie ist aber weder eine der „Sache" noch des „Wissens", sondern eine der Einordnung:

> „Das pure Phänomen, das in einer Täuschung gegeben ist, ist immer eine *Tatsache* und als solche unbestreitbar, unangreifbar. In ihm und seinem Inhalt besteht natürlich die Täuschung nicht. Die Täuschung besteht allein darin, daß ich diesen tatsächlichen Inhalt einer anderen Seinsschicht zuweise, als diejenige ist, auf der er liegt" (Scheler 1955, S. 225; Hervorh. i. Orig.)

Die Gegebenheit der auf- und untergehenden Sonne und der gebrochene Stab sind Erfahrungen und Eindrücke, die sich uns unmittelbar als Elemente der „Seinssphäre" aufdrängen – und nur in dieser automatischen Zurechnung zur Seinssphäre liegt die Täuschung. Eine Täuschung läge auch vor, wenn wir annehmen würden, dass wir uns nur einbildeten, dass der Stab gebrochen wäre. Es liegt aber kein solcher Irrtum vor, die Wahrnehmung verschwindet nicht. Wir *sehen* den gebrochenen Stab, obwohl wir *wissen,* dass er nicht gebrochen ist. Die Tatsache, dass der Stab *wirklich* gebrochen erscheint und zwar intersubjektiv übereinstimmend gebrochen erscheinen *muss* (es sich also anders als bei einer Halluzination nicht um eine Einbildung handelt und auch nicht um einen Irrtum, der durch nochmaliges Hinblick korrigiert werden könnte), entbirgt eine Erfahrungsebene jenseits der Eigenschaften des Sehdings (des Stabes, der ja nicht gebrochen ist) und der subjektiven Projektion (weil die Gebrochenheit keine nur individuelle Einbildung darstellt) oder des subjektiven Wissens davon, dass der Stab nicht gebrochen ist. Anders ausgedrückt:

Wir verfehlen diesen „daseinsrelativen Gegenstand" (Scheler 1955, S. 239 f.), der „sinnlichen Vermitteltheit der gegebenen Wirklichkeit", die sich aus der Leiblichkeit des Wahrnehmungsvorgangs ergibt, sowohl dann, wenn wir ihn in Richtung des Dinges auflösen als auch, wenn wir ihn in Richtung unserer Welterkenntnis bzw. des Psychischen auflösen. Scheler führt so den Nachweis, dass der Wahrnehmung durch das Individuum ein sinnlich vermitteltes, vielschichtiges Äußeres gegeben ist, das sich keinesfalls auf die freischwebenden Konstruktionsleistungen des Subjekts bzw. der intentionalen Zuwendung zur Welt zurückführen lässt und auch nicht auf unsere pragmatischen Interessen an der Welt. Löst man die Vielschichtigkeit des Weltkontakts in die eine oder andere Richtung auf, werden Täuschungen zur Grundlage von Theorien.

Diese beiden Täuschungsrichtungen liegen aber der Rekonstruktion von Kommunikationssachverhalten zugrunde, wie sie der kommunikative Konstruktivismus vornimmt.

Seins-Schichten	Beispiel: der Stab im Wasser
1. Seh-Ding	„Stab ist nicht gebrochen"
2. Leiblichkeit des Wahrnehmungsvorgangs	„Stab ist gebrochen"
3. Subjektives Wissen	„Stab ist nicht gebrochen"

Umdeutung des leiblichen Wahrnehmungsvorgangs durch Konstruktion „Optische Täuschung"

Schema: Ist der Stab im Wasser gebrochen oder nicht?

3.2 Täuschungsrichtungen

Wir täuschen uns, wenn wir meinen, der gebrochene Stab im Wasser sei lediglich eine subjektive Projektion. Wir täuschen uns aber auch, wenn wir meinen, der Stab sei „wirklich" gebrochen. Scheler identifiziert also zwei alltägliche Täuschungsrichtungen im Umgang mit Erfahrungstatsachen, die diesen beiden Sätzen entsprechen: Die erste Täuschungsrichtung besteht darin, den Weltkontakt von den subjektiv gefühlten und erfassten Werten und Eindrücken her zu bestimmen, also von der Vorstellung her, die erfahrenen Dinge würden „in uns" Gefühle oder Überzeugungen hervorrufen. So spüren wir etwa die schlechte Stimmung in einem Raum oder die „dicke Luft" beim Abendessen. Wir sind geneigt, das, was wir spüren, als genuin *unser* Erleben zu betrachten. Die Erfassung der Stimmung (bzw. der Kommunikation) als einer inneren „Semiotik" der Beteiligung übersieht aber die unmittelbare Präsenz des Kommunikationsgeschehens (und des Weltgeschehens), auf die bezogen sich erst der eigene Gefühls- und innere Deutungshaushalt bildet:

„Die Eigenerlebnisse sind der inneren Wahrnehmung zunächst *völlig verdeckt* durch die auf Mittun, Nachempfindung, Nachfühlung beruhenden fremden Erlebnisse, die

uns zunächst durch eine Täuschung „als eigene" gegeben sind" (Scheler 1955, S. 285;
Hervorh. im Orig.)

Die notwendig mitlaufenden inneren Eigenheiten des Erlebens werden also in
praxi überdeckt. Wir erfahren die Gefühle mit den Dingen, oder den „an den
Dingen und in den Dingen gefühlte[n] Wert" (Scheler 1955, S. 263), d. h., das
Geschehen (des Fühlens oder der Zeichen) schlüsselt sich nicht über die Innerlichkeit subjektiver Nachkonstruktionen auf, sondern durch *Mitvollzug,* der direkt
auf die Ausdrucksbedeutung geht und gerade nicht erst durch Handlungsinten-
tionen vermittelt werden muss (die dann die Bedeutung pragmatisch ordnen).
Glauben wir jedoch, das Geschehen würde uns nur und erst durch pragmatische Einordnung gegeben, wäre ein Effekt dieser Täuschungsrichtung, dass wir
Fremdes für Eigenes halten. Scheler hält diesen Selbstbezug in Fällen intensiver
Ausprägung für ein pathogenes Problem, weil dadurch a) die Handlungsimpulse
zunehmend unterdrückt werden und b) das Erkennen der Eigenheit des Eigenen
wie das Erkennen der Andersheit des Anderen verunmöglicht werden.

In der umgekehrten Richtung besteht die Täuschung darin, unser subjektives
Wissen und unsere innere Fühlens- und Verstandeswelt in die äußeren Sachverhalte hinein zu verlegen.[3] Der Effekt dieser Täuschungsrichtung besteht darin,
dass wir dazu tendieren, unser Wissen für das allgemein-zugängliche, wahre
Wissen zu halten. Wir erkennen dann in den Erfahrungen und Ausdrucksweisen
Anderer vermeintlich unsere Vorerfahrungen wieder. So diskutiert Scheler etwa
das Konzept der „Einfühlung" als Folge einer Falscheinschätzung, bei der wir
unsere Gefühle für den Ausdruck der Gefühle des Anderen halten (Scheler 1955,
S. 253). Die Theorie der Empathie, wie sie auch im rezenten Diskurs prominent
vertreten wird, generalisiert – auf dünnem neurowissenschaftlich begründetem
Eis – einen bestätigenden Austausch zu einer allgemeinen Theorie intersubjekti-
ver Kommunikation: Der bestätigende Austausch besteht darin, festzuhalten, dass
ich fühle, was du fühlst. Die bildhaft suggestive Figur des Sich-hinein-Versetzens
in das Gegenüber beschreibt weder ein Verfahren der Erfassung fremder Gefühle
noch das Erfassen gemeinsam geteilter Gefühle. Er bezeichnet vielmehr eine

---

[3] Diese Täuschungsrichtung hat eine lange Tradition in der Fehlrezeption von Mead (1973):
Das Meadsche Dreieck der gemeinsamen Zugänglichkeit der (sprachlichen) Kommunikation
wird in einen intersubjektiven Einfühlungsvorgang überführt, bei dem sich die Beteiligten in
die Rolle der Gegenüber versetzen. In der Tradition Alfred Schütz' finden wir diese Annahmen wieder in den Postulaten der Reziprozität der Perspektiven und der Austauschbarkeit der
Standorte. Während Schütz sich bewusst ist, dass diese Setzungen Element des Wissensvor-
rats der Lebenswelt des Alltags darstellen, werden sie unter der Hand im Konstruktivismus
zu Fundierungsgesetzen der Kommunikation überhaupt, s. u. Abschn. 4.1.1.

Erfahrungstäuschung, die sich in bestimmten praktischen Situationen – durchaus funktional – einstellt.[4]

3.3 Die pragmatistische Verengung im kommunikativen Konstruktivismus

Wie wir oben sahen, wird im kommunikativen Konstruktivismus die pragmatische Verstrickung der Akteure in kommunikative Akte als eigentliche empirische Wende angesehen (Abschn. 2.4). Die pragmatische Absicherung der subjektiven Interpretamente objektiver Ausdrucksbewegungen durch ihre Genese in einem gemeinsam geteilten Handlungsraum stellt sich auf der Grundlage der Schelerschen Überlegungen jedoch als eine Generalisierung einer der beiden gerade skizzierten alltagsweltlich relevanten Täuschungsrichtungen heraus (Zeichen rufen Deutungen hervor, die wir im Anschluss als Handlungen in das Innere unserer Gegenüber verlegen).

Für Scheler stellt das pragmatische Motiv zwar eine „normale", sich aus der Organisation des Alltags ergebende Täuschung dar, *die im Handeln sogar notwendig auftritt* (Scheler 1955, S. 258 ff.). Wir sind zuerst bei der Welt und nicht bei der Art unserer Zuwendung zu ihr: Wenn wir uns dem Wollen zuwenden, halten wir das Gewollte für unser Eigenes und den Gegenstand unseres Wollens für eine Sache für sich, die unserem Interesse und unserer Manipulation offensteht. Scheler betont allerdings, dass es „nur eine *praktisch biologische* Einstellung" ist, die die Wahrnehmung der Gegenständlichkeit der Welt pragmatisch einfärbt (Scheler 1955, S. 273; Hervorh. im Orig.). Wir müssen jedoch strikt unterscheiden zwischen der leiblich-vitalen Daseinsrelativität auf der einen Seite und den gesellschaftlichen Ordnungsschemata und Deutungsmuster auf der anderen Seite, die dieser eine historische Gestalt aufprägen. Vor allem müssen wir uns davor hüten, diese Deutungsmuster aus jener leiblichen Daseinsrelativität *abzuleiten.* Tun wir dies, haben wir den Kommunikationsvorgang damit schon auf eine kulturell imprägnierte Variante des Umgangs miteinander eingeschränkt. Das pragmatische Motiv ist demzufolge nicht als *Quelle* der Welterkenntnis oder gar des Weltzugangs zu verstehen, sondern als ein *Raster* dessen, was situativ als relevant erachtet werden kann. Es bezeichnet nicht die Grundlage, sondern einen Auswahlmechanismus des zu Erfassenden sowohl auf der Seite der Gegenständlichkeiten als auch der diesen zugehörigen subjektiven Erkenntnis- und

---

[4] Das vielleicht prominenteste Beispiel dafür wäre das sog. Stockholm-Syndrom, bei dem die Geisel versucht, sich in die Lage der Entführer zu versetzen (Breithaupt 2009, S. 89 ff.).

Fühlensakten.[5] Deshalb erfassen wir, wenn wir uns auf diesen Ausschnitt des Weltzugangs im Modus des oben geschilderten dichotomen Deutungsrahmens beschränken, nur den *Schatten* der Dinge und Anderen.

Mit dieser Sicht hat, so Scheler, die Erkenntnistheorie zu brechen und zwar deshalb, weil mit der Koppelung von pragmatischer Verbindung (Interessen) und voluntaristischer Konstruktion (Wissen) *der Zwang und die Wirklichkeit* der Kommunikation in ihrer lebensweltlichen Fülle radikal unterschätzt werden und die Erfahrung von Kommunikation als eines uns einbeziehenden Vorgangs auf den Kopf gestellt wird.[6] In der Kommunikationstheorie treffen wir diese „pragmatistische Versumpfung" (Scheler 1954, S. 406) immer dann an, wenn die Verständigung funktional auf das Problem bezogen wird, wie die Alter-Ego-Grenze zweier sich als „fremd" gegenüber stehenden Individuen durchbrochen werden kann.[7] Im kommunikativen Konstruktivismus wird diese Figur dadurch tradiert, dass der Sprache die Funktion einer Transzendenzüberwindungsinstanz zugeschrieben wird: der Überwindung der mittleren Transzendenz der Gedankenwelt des Gegenüber (Schütz und Luckmann 1994).

Der gesamte Kommunikationsvorgang erhält damit eine schiefe Beobachteroptik, bei der die Beteiligten aus dem gemeinsamen Geschehen aussteigen, um sich zu überlegen, wie sie das jeweilige Gegenüber erreichen können. Sie sind dann nicht mehr Teil der Kommunikation, sondern strategisch operierende Monaden. Das eigentliche praktische Kommunikationsgeschehen wird so zugunsten der reflektierenden Momente sich von diesem Geschehen distanzierender Individuen ausgeblendet.

---

[5] Diese Einsicht über die Seinsverbundenheit des Wissens bildet den Ausgangspunkt für historisch-wissenssoziologische Analysen, wie sie Mannheim (1995), aber natürlich auch Scheler selbst (1960) vorgelegt haben.

[6] Und auch bei Schütz ist klar, dass die Erkenntnis nicht nur auf das Muster von Typik und Relevanz im Wissen beschränkt ist. Schütz (1972a) bezeichnet das so gewonnene Wissen als Gefängnis des Geistes (1972a, S. 127). Die Vorstellung von der Kommunikation als eines Austauschs von Zeichen zur Handlungskoordination ist demnach eine *manchmal* praktisch wirksame und manchmal *pragmatisch* angemessene Verkürzung des realen Geschehens, aber keine angemessene Theorie der Kommunikation.

[7] Interessanterweise wird diese Sicht immer noch tradiert, obwohl sie in der Gesellschaftstheorie längst durch angemessenere Konzepte überwunden wurde, angefangen bei Mead (1973), über das Modell der doppelten Kontingenz bei Parsons u. Shils (1965) hin zur machtkritischen Diskurstheorie Foucaults (2007), der Theorie der Praxis bei Bourdieu (1979) und der Theorie der kommunikativen Autopoiesis bei Luhmann (1987).

Fassen wir zusammen: So richtig und nachvollziehbar die Kritik des kommunikativen Konstruktivismus an einer monadologischen Wissens- und Erkenntnistheorie ist, so problematisch ist der von diesem Ansatz vorgeschlagene sozialtheoretische Lösungsversuch: Im Konstruktivismus wird die alltäglich verankerte und vertraute Täuschung der asymmetrischen Du-Ich-Differenz handlungstheoretisch verabsolutiert und zur Grundlage einer wiederum auf das erkennende Subjekt zentrierten kommunikativen Wissensgenese in pragmatischer Einstellung gemacht. Der Kommunikationsprozess selbst wird auf einen mehr oder minder instrumentellen, immer vom Subjekt hergedachten Transzendenzüberwindungsvorgang vermittels von Zeichen und Symbolen reduziert.[8] Dabei folgen die Vertreter des Ansatzes den pragmatisch gegebenen „Bildinhalten" des modernen Intersubjektivitätsverständnisses von Akteuren, die sich Dinge und Zeichen hin und her geben. Wir müssen, wollen wir den Konstruktivismus korrigieren, ohne ihn gänzlich aufzugeben, also sowohl den Modus aufdecken, in dem Intersubjektivität zuallererst hergestellt wird, als auch einsichtig machen, welche Rolle Konstruktionen in diesem Prozess spielen.

---

[8] Habermas' Konzeption des verständigungsorientierten Handelns, das durch die Verwendung von Sprache, also durch die Teilnahme an Kommunikation, erzwungen wird, kam dem Schelerschen Intersubjektivitätsverständnis erheblich näher. In dem Maße aber, in dem Habermas vom immanenten Telos der Sprache bzw. Verständigung abrückte und die Verständigungsorientierung auf subjektive, wenn auch präsumtiv praktische und kontrafaktisch unterstellte Leistungen zurückrechnete, hat er diesen Zugang wieder verschüttet (vgl. exempl. Habermas 2009).

Kommunikativer Realismus: Grundzüge eines erweiterten Kommunikationsverständnisses

4

Ausgangspunkt unserer Überlegungen sind die Arbeiten Max Schelers zu Intersubjektivität und sozialer Interaktion, die wir um den Beitrag Erwin Straus's zur Frage des „Sinns der Sinne" ergänzen. Eine seinerzeitige Rezeption dieser Arbeiten ist v. a. durch die faschistische Wissenschaftler- und Wissenschaftsvernichtung verhindert worden.[1] In neuerer Zeit hat v. a. Shaun Gallagher diese Impulse aufgegriffen und in der Debatte um Leiblichkeit und soziale Kognitionen weiterentwickelt (2005, 2008, 2016). In Anlehnung an Schelers personalen Realismus und in Anlehnung an die gegenwärtige Diskussion um eine auf Weltzugewandtheit abzielende Philosophie (Dreyfus und Taylor 2016) sprechen wir von einem kommunikativen Realismus, um den besonderen Akzent unseres Ansatzes zu kennzeichnen.

4.1 Intersubjektivität

Unsere Auseinandersetzung mit dem Konstruktivismus hat vor Augen geführt, dass aus diesem, gegenwärtig einen Teil der Kommunikationswissenschaft dominierenden, Ansatz ein fundiertes Verständnis von Intersubjektivität nicht zu entwickeln ist.

Zu Schelers Zeit war ein anderes Konzept „en vogue", ein Konzept, das bis in die heutigen Tage als „Empathie" insbesondere im humanwissenschaftlichen Diskurs, aber auch darüber hinaus eine Schlüsselrolle innehat. Dieses Konzept ist

---

[1] Scheler starb bereits 1928. Das Erscheinen seiner Werke wurde im nationalsozialistischen Deutschland behindert. Straus entkam seiner Ermordung durch die Flucht in die USA, wo er in einer psychiatrischen Klinik tätig war. Eine englische Übersetzung seines Werkes (Straus 1963) fand kaum Resonanz. Zur weiteren Rezeptionsgeschichte des Werkes von Max Scheler vgl. Fischer (2008).

© Der/die Autor(en), exklusiv lizenziert an Springer Fachmedien Wiesbaden GmbH, ein Teil von Springer Nature 2022
W. Pfab und M. Klemm, *Einführung in die Theorie des Kommunikativen Realismus,* https://doi.org/10.1007/978-3-658-37776-2_4

die Vorstellung, Intersubjektivität käme durch „Einfühlung" in das Seelenleben eines Anderen zustande.

4.1.1 Intersubjektivität durch Empathie?

Scheler reagierte seinerzeit auf die von Lipps propagierte und danach vielfach aufgegriffene Vorstellung von Einfühlung.[2] „Einfühlung" sollte die Lösung des Problems darstellen, wie man den inneren, als nicht beobachtbar geltenden Zustand eines anderen Menschen (seine Gefühle, sein Denken, seine Absichten) erfassen kann – ein Ansatz, der bis zum heutigen Tage in Vorstellungen von „Empathie" aktuell und weit verbreitet ist. Empathie gilt seit längerem als ein zentrales und unbestrittenes Konzept im Selbstverständnis von z. B. klientenzentrierter Psychotherapie und in der Praxis von Coaching und Supervision. Empathie-Fähigkeit gilt in der Arbeitswelt als wichtige Qualifikation. Die folgende Bestimmung aus einem Praxisbuch für Gesprächspsychotherapie (in 14. Auflage) steht für viele andere, ähnliche Charakterisierungen:

> „Um im Gespräch hilfreich zu sein, arbeite ich als Therapeut mit Empathie (Einfühlung) und Verbalisierung: Was ich einfühlend (mit- und nachempfindend) verstanden habe, fasse ich in Worte und gebe es dem Klienten zurück. Besonders wichtig für den Gesprächspartner ist die ‚Verbalisierung emotionaler Erlebnisinhalte' […]: Der Therapeut ‚verbalisiert (äußert sprachlich) die persönlich-emotionalen Inhalte des Erlebens des Klienten' (Bommert 1977, S. 70), er ‚konzentriert sich voll und ganz auf die subjektive Erlebniswelt des Klienten' (Alterhoff 1983, 85). ‚Das bedeutet, Schmerz und Freude des anderen zu empfinden, gerade so wie er empfindet, […]' (Rogers 1987, 37)" (Weber 2012, S. 69).

---

[2] Tatsächlich ist diese Vorstellung wesentlich älter. Sie bildet sich im 18. Jhdt. als Ergebnis eines Prozesses heraus, in dessen Verlauf Vorstellungen von Sympathie als „Verbundenheit miteinander und Bezogenheit aufeinander" (W.Pfab 2021, S. 57) umcodiert werden. Adam Smith charakterisiert das neue Verständnis von Intersubjektivität so: „[…] *in unserer Phantasie* treten wir gleichsam in seinen Körper ein und werden gewissermaßen eine Person mit ihm" (Smith, zit. in Vogl 2011, S. 88, u.H.). Der Prozess wird aus dem interpersonalen Raum in das Subjekt, in den Bereich seiner Einbildungskraft verlegt. „Die Sympathie gründet sich demnach auf eine Operation, mit der die Person in der Vorstellung mit einer anderen den Platz tauscht, in der die Empfindungen des anderen empfunden werden, als ob sie die eigenen wären […] Die grammatische Form der sympathetischen Relation ist also der Konditional, ihre Darstellungsweise das Als Ob, ihre Funktionsweise die Stellvertretung, und ihr Wahrheitseffekt nicht von Elementen des Rollenspiels, der Illudierung, Täuschung und Inszenierung separierbar" (Vogl 2011, S. 88).

Diese Vorstellung wurde vor allem von Scheler schon sehr früh (1924) einer scharfen Kritik unterzogen (Scheler 1974):

Das Konzept behauptet zwar, Empathie löse das Intersubjektivitätsproblem, aber erläutert nicht, wie Empathie erfolgt. Das Sich-hinein-versetzen in eine andere Person setze zudem voraus, dass ich diese Person bereits kennen müsse, um zu wissen, wo hinein ich mich denn versetzen soll. Dieses Kennen der Person jedoch könne nicht wiederum durch Empathie erfolgt sein, denn die setze ja wiederum die Kenntnis … etc.

Vor allem ist Einfühlung eine Haltung aus der Beobachterperspektive. „Ich sehe bei ihr, dass sie das Gesicht verzieht. Was mag wohl bei ihr innerlich vorgehen?". So fragt man, wenn man eine Szene beobachtet oder sich, wenn man in Interaktion involviert ist, aus dieser heraus in eine Beobachterposition versetzt. Und in der Tat: In dieser Position hat man nur noch Beobachtungs-Daten zur Verfügung, die man dann interpretiert bzw. interpretieren muss. Das Subjekt, das Empathie bemüht, um das Gegenüber bzw. dessen Innenleben zu verstehen, hat sich also vorher aus einer Interaktionsbeziehung verabschiedet, um das Gegenüber dann aus der distanzierten Position der Beobachtung – empathisch – zu deuten. Das Konzept „Empathie" ist strukturlogisch an diese Beobachterposition gebunden – mit wieviel empfatischen Bestreben ich auch immer meine empathische Haltung vollziehe – mein Gegenüber bleibt Objekt meiner Betrachtung und meiner Deutung. Dieses Deuten erfolgt dann auf der Basis sozialer Konstruktionen, insbesondere verbalen Kategorisierungen (s. o. „Verbalisierung emotionaler Erlebnisinhalte").

Der Psychologe Ulrich Neisser hat diese Vorstellung schon vor vielen Jahren als abwegig und entsprechende Studien als fehlgeleitet charakterisiert:

„The theories and experiments [...] all refer to an essentially passive onlooker, who sees someone do something [...] and then make a judgement about it. He [...] doesn't mix it up with the folks he's watching, never tests his judgements in action or interaction. He just watches and makes judgements. [...] When people are genuinely engaged with one another, nobody stops to give grades. (Neisser 1980, S. 603 f.)" (zitiert nach Schlicht 2013, S. 55 f.)

Andere sind mir „[...] im alltäglichen kommunikativen Austausch niemals bloß ein passives Gegenüber, genauso wenig wie ich für ihn ein bloß passiver Beobachter bin" (Schlicht 2013, S. 71).

„[...] in a second-person conversation, [...] our process of interpretation does not seem to involve a detached or abstract, third-person quest for causal explanation. Nor does it seem to be a theory-driven interpretation that takes the other person's words as evidence for a mental state standing behind what he has just said […] Phenomenology tells us that our primary and usual way of being in the world is pragmatic interaction (characterized by action, involvement and interaction based on environmental and contextual factors), rather than mentalistic or conceptual contemplation" (Gallagher 2005, 211 f., zitiert nach Schlicht 2013, S. 63 f.).

Natürlich gibt es in Interaktionsprozessen Momente, in denen einer oder eine der Beteiligten gedanklich aus dem Prozess aussteigt und eine Beobachterposition einnimmt („wenn sie so redet, wird sie ihrer Mutter immer ähnlicher"), aber dies ist die Ausnahme gegenüber dem für Interaktion konstitutiven Involviertsein in das Geschehen.[3] Es gibt zudem Momente in Interaktion, in denen es gerade erforderlich ist, sich aus dem Fluss des Geschehens zu lösen, um aus distanzierter Position angemessen auf das Geschehen reagieren zu können. Dies ist z. B. der Fall, wenn *Überzeugungen* thematisiert werden. Dann ist es in der Tat erforderlich, diese Überzeugungen auf ihre Geltung, ihre Plausibilität, ihre Begründungen etc. zu prüfen. Der Prototyp dieses Handelns ist die Argumentation. Nur: In solchen Momenten ist Empathie gerade fehl am Platz. In solchen Momenten geht es gerade *nicht* um Einfühlen, sondern um vernunftgeleitetes Verstehen oder stimmige Rekonstruktionen.[4]

---

[3] Einige Forscher argumentieren, dass eine dauerhafte Beobachterhaltung genau das Krankheitsbild des Autismus charakterisiert (Literatur in Schlicht 2013, S. 81 ff.). An Autismus Leidende sind gerade zu einem unmittelbaren Verstehen des Gegenüber nicht in der Lage und müssen sich daher als Notbehelf mit Deutungen aus der Beobachterperspektive behelfen.

Eine Autistin beschreibt, wie sie als Kind ihre soziale Umgebung gesehen hat:

„Da ging etwas vor zwischen den anderen Kindern, etwas Flüchtiges, Subtiles, etwas, das sich ständig änderte – ein Austausch von Bedeutungen, ein so blitzschnelles Verstehen, daß sie sich manchmal fragte, ob sie alle in telepathischer Verbindung stünden. Jetzt weiß sie, daß es diese sozialen Signale gibt. Sie könne sie mit dem Verstand erschließen, sagt sie, doch selbst wahrnehmen könne sie sie nicht, könne selbst an dieser magischen Kommunikation nicht unmittelbar teilhaben, […]. Intellektuell weiß sie das, und so tut sie ihr Bestes, es zu kompensieren und verwendet ungeheure intellektuelle Anstrengungen und Rechenkapazität auf Dinge, die andere mit gedankenloser Leichtigkeit verstehen. Und genau darum fühlt sie sich so oft ausgeschlossen, als Fremde" (Sacks 1997, S. 375).

Es ist bemerkenswert, dass einige kommunikations- und interaktionsbezogene Theorieproramme sich bei kritischer, distanzierter Betrachtung als Beschreibungen pathologischer Kommunikations-Zustände erweisen. So hat der Neurologe und Psychiater Kurt Goldstein schon 1933 die Auffassung, Sprache habe primär die instrumentelle Funktion der Übermittlung von Informationen, als Beschreibung einer pathologisch reduzierten Kommunikationsvorstellung diagnostiziert (zitiert in Benjamin 1972, S. 480).

[4] Und auch dies beschreibt das Geschehen nur wiederum auf der Ebene von Konstruktionen, nämlich kulturellen Vorstellungen von Argumentation. Auf der Ebene des faktischen Geschehens ist jede Argumentation wiederum situative Praxis.

Scheler war in den 20er Jahren des letzten Jahrhunderts maßgeblich an der Entwicklung einer Denkweise beteiligt, in der der interaktive Zusammenhang zwischen Menschen in einer Weise konzeptualisiert und verstanden wurde, die geeignet ist, die Vorstellung von getrennten Subjekten rückgängig zu machen[5]. „Einfühlung" wurde ja als Lösung des Problems verstanden, wie ein Subjekt den inneren Zustand eines anderen Subjekts erfassen kann. Diesem Problem aber ist die Vorstellung von zwei voneinander unabhängigen Subjekten vorausgesetzt. Sie werden als nicht beieinander gedacht. Genau darin aber liegt, so Heidegger, der kardinale Denkfehler:

> „Weil nun aber das Subjekt gleichsam beschnitten um dieses Sein bei ... gedacht wird, ein Rumpfsubjekt, kommt auch die Frage nach dem Miteinandersein und dessen Wesen auf eine verkehrte Bahn. Weil beide Subjekte unterbestimmt sind, muss gleichsam für die Vermittlung beider eine reichere Veranstaltung getroffen werden, als dem Wesen nach notwendig ist. Die Unterbestimmung der Subjektivität verursacht eine Überbestimmung der Beziehung von Subjekt zu Subjekt. Denn jetzt hat man zwei Subjekte – aber zunächst so, dass noch keine Kommunikation möglich ist – und orientiert das Problem darauf, wie diese beiden Rumpfsubjekte zusammenkommen" (Heidegger 1996, S. 140, zit. in Schlicht 2013, S. 56).[6]

Denkt man hingegen die beiden Subjekte in Verbindung miteinander, besteht „[…] überhaupt keine Notwendigkeit mehr für den Prozess, der mit dem Begriff der Empathie oder Einfühlung benannt wird" (Schlicht 2013, S. 57).

4.1.2 Intersubjektivität im unmittelbaren Erleben: Schelers Ansatz

Scheler trennt die Frage nach Intersubjektivität von der Frage nach Verstehen. Dies ermöglicht es ihm, eine Ebene von Interaktion in den Blick zu nehmen, die durch unmittelbare Erfahrung charakterisiert ist – eine prä-reflexive und nicht-kognitive Weise der Interaktionsteilhabe. Scheler macht Intersubjektivität in dem

---

[5] Andere Denker in diesem Zusammenhang waren u. a. so ansonsten unterschiedliche Denker wie Martin Buber, Erwin Straus, Walter Benjamin („die Sippe der fatalen ‚Miterleber'" (1972, S. 51)) und Martin Heidegger. Gegen die Vorstellung von Einfühlung war auch Brechts Theaterkonzept der Verfremdung gerichtet. Bei Brecht sorgte das Einfühlungsverdikt allerdings auch weiterführend „für erhöhtes Mißtrauen auch gegenüber der (politischen) Moralität des Mitleids" (Schings 1980, S. 16). „In der Tat glaubt Brecht nunmehr an den Aufbau einer neuen Emotionenreihe mit Hilfe des neuen, epischen Theaters" (ebd., S. 16 f.), in der Mitleid durch Hilfsbereitschaft ersetzen werden sollte (vgl. Brecht 1967a, S. 301).

[6] Ähnlich auch Straus (1978).

aus, was er „Mitvollzug" in Momenten der Synchronisation in sozialer Interaktion nennt. (Das Ur-Erleben dieser Erfahrung ist „Eins-Fühlung", s. u.).[7] Dieser Mitvollzug erfordert keine Inferenzen oder Interpretationen, er erfolgt als unmittelbare Erfahrung. Es handelt sich bei diesem Mitvollziehen um einen Vorgang, dem wir uns nicht entziehen können – so wie wir uns des Wahrnehmungseindrucks des Stabes als gebrochen nicht entziehen können (s. o.). Das Weinen eines Kindes ist eben beileibe kein „Text", den wir auf der Basis von Lauten als Ausdruck von Schmerz entschlüsseln oder ein innerer Zustand, den wir erleben, wenn wir uns an die Stelle des Kindes setzen. Vielmehr erfassen wir den Schmerz des Kindes in einer Weise, die uns unmittelbar berührt.

Andere Beispiele sind:

- Wir spüren die Atmosphäre einer Interaktionssituation (Böhme 2006; Tellenbach 1968), ihre knisternde Spannung, die drückende Stimmung, die gereizte Atmosphäre, das aufgeheizte Klima.
- Wir erleben die performative Kraft einer Äußerung (Krämer und Stahlhut 2001; Austin 1986).
- Wir werden vom Klang einer Äußerung bezaubert (Bühler 1999; Zumthor 1988, 1990).
- Wir empfinden Sympathie mit unserem Gegenüber (Scheler 1974).
- Wir werden von einer Geste berührt (Gugutzer 2012).
- Wir spüren die poetische Kraft einer Redewendung (Nothdurft 2002a; Pfab 2016).

Um sich diese Qualität der Unmittelbarkeit zu vergegenwärtigen, kann man als Analogie die Unmittelbarkeit, in der man seine eigenen Gedanken erlebt, heranziehen. So wie diese als unmittelbar präsent empfunden werden, gilt dies auch für die Unmittelbarkeit eigener Wahrnehmungseindrücke. Sie sind präsent, werden aber durch reflexive Haltungen, metapragmatische Einstellung und Konstruktionen abgeschattet.

---

[7] Oben schrieben wir, dass Alfred Schütz in seinem Verständnis der sozialen Welt als einer sinnhaften Ordnung das „gemeinsame Altern" als echte Wir-Beziehung in den Mittelpunkt seines Sinnverständnisses setzte. Das gemeinsame Altern könnte als Pendant zum Mitvollzug im Sinne Schelers verstanden werden. Schütz, der sich auch mit dem Werk Schelers auseinandersetzte hat sich jedoch zum Zeitpunkt der Entwicklung seines Ansatzes stärker an Husserl orientiert. Er hoffte, Husserl würde das Intersubjektivitätsproblem phänomenologisch lösen. In einer späten Auseinandersetzung mit der Phänomenologie räumt er ein, dass der Husserlsche Weg gescheitert sei (s. Schütz 2009, S. 254).

Handlungen, Äußerungen, Gesten, Atmosphären nehmen uns in unmittelbarer Weise ein. Wir können dem nicht ausweichen. In diesem Sinn ist Intersubjektivität in sozialer Praxis verkörpert. Nur und erst auf dieser Basis kann ich mich diesem Erleben reflexiv zuwenden – es deuten, erklären, typisieren, reflektieren etc. Dies gilt auch für andere, z. B. medienvermittelte Erfahrungen: Wir können wissen, dass „im Film" niemand wirklich verletzt wird oder leidet. Und doch können wir uns dem – professionell aufgeführten – Ausdrucksgeschehen nicht oder nur unter Mühen entziehen, etwa indem wir uns auf eine zynische oder reflexive („ist ja nur im Film") oder intellektualistische Haltung („typisch cinema noir") zurückziehen. Unsere Kenntnis, dass es sich um einen „Hollywood-Streifen" handelt, nützt uns ansonsten in der Situation selbst genauso wenig „gegen" Rührung, Erschrecken, Erleichterung, wie das Wissen um die Erdrotation uns dabei hilft, die Wanderung der Sonne am Himmel nicht mehr wahrzunehmen. Dabei fühlen wir uns nicht in den Film ein, sondern vollziehen das dort präsente Geschehen gleichsam mit. Mitvollzug richtet sich also für Scheler auf die daseinsrelative, unbezweifelbare Existenz von Ausdruckshandlungen, deren Bezug des Erlebens der Akt- und damit Selbsterkenntnis vorhergeht. Die „Vitalität einer eingespielten Praxis" stiftet so gesehen „eine *performative* Form der intersubjektiven Gewissheit", die sich nicht auf die Innerlichkeit der Akteure stützt (innere Überzeugung), sondern im Gegenteil auf den Mitvollzug einer milieuspezifischen sozialen Praxis (so Renn 2014, S. 121; u.H.).

Diese Unmittelbarkeit, dies wollen wir betonen, ist keineswegs „natürlich", sondern stets kontingent und eingebunden in den sozio-kulturellen Kontext, in dem sie erfolgt. Es geht also auch stets um die sozio-kulturellen Bedingungen unmittelbarer Anschauung; Merleau-Ponty spricht von Wahrnehmungstraditionen (Merleau-Ponty 1966, S. 279), die dem subjektiven Leib und seinen Sinnen in seiner „geschichtlichen Dichtigkeit" habitualisiert eingeschrieben sind – ein Gedanke, der von Bourdieu aufgegriffen werden wird (1993, S. 147 ff.).

Die Vorstellung des „unmittelbaren Erlebens" ist von Erwin Straus in seinem Werk „Vom Sinn der Sinne" 1935 (Straus 1978) ausgearbeitet worden.

Ausgangspunkt von Straus's Vorstellungen ist der Gedanke, dass Menschen in kommunikativen Situationen in der Weise des *Ausdruckserfassens* beteiligt sind.

„Auch das ursprüngliche Ausdrucksverständnis des Menschen ist ein solch unmittelbares, ganz an die eigene Aktion und Gerichtetheit gebundenes Erfassen. Wir reagieren im Umgang mit anderen Menschen auf unzählige Ausdrucksmomente, ohne daß wir wissen, worauf wir reagieren, ja man könnte besser sagen, ohne zu wissen, daß wir reagieren. Es wird zu keinem Wissen, weil es an die Unmittelbarkeit und Jeweiligkeit des eigenen Agierens geknüpft ist und bleibt. Die Dürftigkeit unseres beliebig und willkürlich demonstrierbaren und reproduzierbaren Wissens vom Ausdruck steht in einem krassen Gegensatz zu dem Reichtum, der Sicherheit und Abgestuftheit unserer Reaktionen." (Straus 1978, S. 201 f.)

Straus macht ganz klar, dass „Ausdruck" eben nicht als „Manifestation irgendwelcher seelischer Innerlichkeit" (Straus 1978, S. 206) verstanden werden darf, die es zu erschließen gälte.

> „Offenbar ist so das Problem falsch gestellt. Wir erfassen gar nicht vermittels der Ausdrucksbewegungen als repräsentierender Zeichen seelische Vorgänge im uns verborgenen Innern eines fremden Organismus. Im Ausdrucks-Erfassen sind wir bereits in Kommunikation." (Straus 1978, S. 206)

In seiner Studie über Suggestion (1925) zeigt Straus luzide auf, dass das Problem der Bestimmung der Bedeutung eines Ausdrucks überhaupt erst entsteht, wenn man den Ausdruck aus seinem personalen und situativen Zusammenhang herauslöst und ihn – zeichenhaft – als isolierten Ausdruck betrachtet. So seines natürlichen Kontextes beraubt und als Objekt behandelt stellt sich dann i. d. T. die (nicht lösbare) Frage, „was der Ausdruck wohl bedeuten mag".[8]

Eine Schlüsselstellung in diesem Konzept nimmt das Prinzip der Unmittelbarkeit ein:

Unmittelbarkeit charakterisiert die Modalität des Ausdrucks-Erfassens[9]; auf Unmittelbarkeit beruht die „Treue des Verstehens" (Nothdurft 1998b, 2006). Diese Unmittelbarkeit ist an das Ausdrucks-Geschehen „ohne weiteres" gebunden (vgl. unten Gibson's Konzept der Affordanz (1982) und die Arbeiten von Fuchs (2009, 2017), Fuchs und deJaegher (2009)).

> „Was da lockt, lockt als es selbst und was da schreckt, schreckt als es selbst. Das Locken und das Schrecken entsteht nicht in einer Welt neutraler Gegebenheiten unter dem Einfluß früherer Erfahrungen von Lust und Unlust. Lockendes und Schreckendes sind keine Erinnerungszeichen, die sich an indifferente Qualitäten anheften. Licht, Farbe, Klang, Duft, Bewegungsgestalten, sie locken und schrecken unmittelbar in ihrer jeweilig gegenwärtigen Erscheinung. Wenn uns ein lautes Krachen erschreckt,

---

[8] Taylor formuliert diesen Gedanken im Rahmen seiner Theorie des Hintergrunds so: „[…] what the background provides is treated as though it were built into each particular sign" – er nennt dies „[a] reified view of the sign" (Taylor 1995, S. 89).

[9] Dieses Charakteristikum wird auch von Zumthor in seiner „Einführung in die mündliche Dichtung" hervorgehoben: „Daher bedarf es […] einer besonderen Beredsamkeit, einer Mühelosigkeit der sprachlichen Gestaltung, einer eindringlichen Suggestivkraft und einer durchweg herrschenden Rhythmisierung. Dem folgt der Hörer, zurückbleiben kann er nicht. Die Botschaft muß unmittelbar wirken, was immer ihr angestrebter Effekt ist" (Zumthor 1988, S. 708).

dann ist das Erschrecken keine Nachwirkung früherer Erfahrungen von Gefährdung und Bedrohung; das Krachen ist an sich selbst erschreckend. Der Eindruck des Erschreckenden oder Verlockenden behauptet sich sogar gegenüber dem aus Erfahrung gewonnen Wissen. Gegen die Macht des Schreckenden und Lockenden gibt es keinen Widerstand, hier haben wir keine Wahl.[10] Die Überlegung schweigt vor der unmittelbaren Gewalt des Unheimlichen, des Schrecklichen, des Verlockenden" (Straus 1978, S. 203 f.)[11]

Intersubjektivität erstreckt sich auf der Dimension des gemeinsamen Erlebens von der kollektiven Tradierung von Fühlensinhalten bis zum Auftauchen des individuellen Ichs im Umgang mit der Abweichung vom kollektiv erlebten Ausdruck, und zwar in drei unterschiedlichen Weisen: a) „reine" Intersubjektivität liegt in dem vor, was Scheler „vitale Einfühlung" nennt; b) die Erfahrung des Anderen als Anderen erfolgt im Mitvollzug von Kommunikation[12]; während c) die reflexive Ich-Wendung als Folge der asynchronen Aufschichtung von Erfahrung erfolgt und zum Verständnis von Personalität gehört. Personalität bezeichnet die

---

[10] „We cannot resist its power" heißt es in der englischen Übersetzung (Straus 1963, S. 198).

[11] Das Moment der Attraktion und – gleichzeitig – des Schreckens als Grundcharakteristikum kommunikativen Ausdrucks spielt auch in den – zeitgleichen – Arbeiten des „College de Sociologie" (Caillois, Bataille, Leiris u. a.) eine wesentliche Rolle (Hollier 2012; Möbius 2006). Der Grundgedanke geht auf die Polarität von „faszinosum" und „tremendum" in dem seinerzeit wirkmächtigen Buch von Rudolf Otto „Das Heilige" von 1917 zurück (Otto 2014).

[12] Hier liegt eine eigentümliche gedankliche Nähe zu einer Gedankenfigur vor, die 150 Jahre zuvor Lessing im Kontext der wirkungsästhetischen Debatte mit Mendelson entwickelt hatte. Gegenüber den damals vorherrschenden resonanztheoretischen Wirkungsvorstellungen gibt Lessing in seinem Briefwechsel mit jenem zu bedenken, dass man hinsichtlich des dargestellten Affekts eines Schauspielers nicht von einer Identität zwischen diesem Affekt und dem – resonant ausgelösten – Affekt des Zuschauers ausgehen könne; vielmehr:
„Dergleichen *zweite* Affekten aber, die bei Erblickung solcher Affekte an anderen, in mir entstehen, verdienen kaum den Namen der Affekten; daher ich denn in einem von meinen ersten Briefen schon gesagt habe, daß die Tragödie eigentlich keinen Affekt bei uns rege mache, als das *Mitleiden*. Denn diesen Affekt empfinden nicht die spielenden Personen, und wir empfinden ihn nicht bloß, weil sie ihn empfinden, sondern er entsteht in uns ursprünglich aus der Wirkung der Gegenstände auf uns; es ist kein *zweiter* mitgeteilter Afffekt etc" (zitiert in Borgards 2007, S. 252).
Resonanz wird bei Lessing „indem er das Augenmerk von der Identität zur Differenz der Töne lenkt, zum Exempel für ein anderes, die *intersubjektive Differenz* mitbestimmendes Kommunikationsmodell" (Borgards 2007, S. 260, u.H.). Mit dieser Unterscheidung zwischen – resonanztheoretisch gesprochen – „Berührung" und „Bebung" ist die entscheidende Differenz gesetzt, die bei Scheler wieder aufscheint. Die damalige Debatte bewegte sich jedoch in den Bahnen eines ästhetischen Diskurses weiter fort über Schillers Brief des Pathetisch-Erhabenen in eine andere Richtung (vgl. Schings 1980, S. 46 ff.). Ein Diskurs der Bestimmung von Intersubjektivität, in dem die Lessingsche Gedankenfigur damals bereits

Einsicht, dass jegliches subjektives Erleben auch durch die biografische Aufschichtung von Erfahrung geprägt ist und in *diesem* Sinn daher jedes Individuum als Person ihre oder seine eigene Welt hat oder besitzt. Der Konstruktionscharakter von Erkenntnis bleibt dann den mehr oder weniger expliziten Verständigungs- und geistig-personalen Reflexionsprozessen vorbehalten, während sowohl die unmittelbaren, präreflexiven Prozesse des Habens von Welt als auch die Prozesse der Beteiligung an körpergebundener Kommunikation der personalen und gesellschaftlichen Erkenntniskonstruktion vorausliegen und diese tragen.

Interaktionsbeteiligte verlassen sich in ihrer Beteiligung in Interaktion auf ein sozio-kulturelles Vorverständnis. Dieses bleibt im Hintergrund, kann aber in die Interaktion eingebracht werden.[13] Es hat Möglichkeitscharakter. Demgegenüber hat das interaktive Geschehen im Vordergrund Tatsächlichkeitscharakter: „We just talk and understand" (Taylor 1995, S. 84). Der Sitz des Bedeutungsvollen, so formuliert es Haugeland (2013), ist in der Welt, nicht im Geist – wir speichern nicht ab, sondern leben darin. Sie ist „die Wohnstatt des Verstehens" (Haugeland 2013, S. 142).

4.1.3 Neuere Forschung

Vor allem Shaun Gallagher hat diese Überlegungen Schelers in jüngster Zeit aufgegriffen (2005, 2008, 2016). Bezugsobjekte unserer Wahrnehmung sind nicht „innere, geistige Zustände" (mental states), sondern Handlungen. Zu deren Wahrnehmung bedarf es keiner Schlussmechanismen (inferencing), sondern

---

hätte fruchtbar gemacht werden können, war seinerzeit auf das Bezugsproblem der Moralität fixiert und auf Fragen der Intersubjektivität, wie sie anfangs des 20. Jhts. gestellt wurden, nicht vorbereitet.

[13] – dies aber mit Risiken, wie schon die Garfinkelschen Krisenexperimente gezeigt haben. Luhmann beschreibt diesen Prozess in der ihm eigenen Terminologie als Übergang von „Wahrnehmung" zu „Kommunikation" und illustriert ihn am schönen Beispiel der „Aussprache" intimer PartnerInnen über ihr Liebesleben: das Risiko ist „[…] daß jede Kommunikation durch ihre Explizität eine Bifurkation erzeugt: Man kann den angebotenen Sinn annehmen oder ablehnen, was weitere Kommunikation erforderlich macht. Kommunikation hat keineswegs, wie oft unterstellt wird, eine immanente Tendenz zum Konsens. Ihr einziges sicheres Resultat ist diese Bifurkation, und eben darauf ist ein undoktrinäres Alltagswissen, das Vorsicht bei Kommunikation und häufig Kommunikationsvermeidung auch gebietet, auch eingestellt. Auch eine familientherapeutische Praxis der ‚Verschreibungen' erfaßt dieses Problem, wenn sie etwa angesichts von unüberwindlichen Schwierigkeiten der ehelichen Verständigung und angesichts allzu viel Rücksichtnahme und Auswegslosigkeit der ‚doppelten Kontingenz' verordnet: immer freitags, ob man Lust hat oder nicht!" (Luhmann 1995, S. 201).

diese Wahrnehmung geschieht unmittelbar. Diese Wahrnehmung ist allerdings keine irgendwie „reine", sondern in sie gehen Wahrnehmungstraditionen (s. o. Abschn. 4.1.2), Erinnerungen, Erwartungen und Emotionen mit ein – individuelle wie auch kollektive. Und es ist zudem eine Wahrnehmung, die in Bewegung erfolgt und der Bewegung bedarf, wie Gallagher durch Wahrnehmungsstudien belegt.

> „Haltungen, Bewegungsmuster und neuronale Steuerungssysteme des Körpers liefern nicht nur Evidenzen dafür, dass der menschliche Organismus auf dauernde physische Interaktion, nicht primär auf Beobachtung angelegt ist; sie zeigen ebenso, in welchem Ausmaß er schon physisch auf *andere* bezogen ist. Das propriozeptive Selbst ist ‚always already coupled with the other'." (Jung 2009, S. 291).

Es ist zudem wichtig, die Komplexität des Wahrnehmungsgegenstandes in den Blick zu nehmen: „Das unmittelbare Erleben ist nie nur auf eine einzelne Handlung oder Äußerung bezogen, sondern stets auf den Menschen, der die Handlung oder Äußerung vollzieht, in einer konkreten Situation, und zwar mit allen Sinnen, unter der Maßgabe, auf diese Äußerung oder Handlung – ihren Aufforderungscharakter – reagieren zu können." (Pfab 2020a, S. 37). Eine sprachfixierte Betrachtung von Interaktion auf „Sprechen" würde kommunikatives Handeln auf nur eine einzige Modalität – eben auf „Sprechen", reduzieren. „Sprechen" ist aber in Face-to-Face-Interaktion grundsätzlich und stets eingebunden „[…] in ein Ensemble vielfältiger kommunikativer Aktivitäten eines Menschen wie „sich bewegen", „gestikulieren", „blicken", „mit Sachen hantieren". „Sprechen" erfährt seine Bedeutung in einem solchen Ensemble und aus ihm heraus, und zwar stets als Äußerung eines Menschen" (Pfab 2020a, S. 76). „Sprechen" ist dementsprechend eine doppelte Reduktion: zum einen eine Reduzierung um den bestimmten Menschen, der sich äußert, und zum zweiten eine Reduzierung um alle anderen gleichzeitig erfolgenden Modalitäten kommunikativen Handelns.[14]
Dieser Auffassung, die für die Überlegungen von Straus noch grundlegend und elementar gewesen war, nähert sich 60 Jahre später die Sprachphilosophin

---

[14] Die Personengebundenheit des kommunikativen Geschehens betonen auch Dreyfus und Taylor insbesondere in Hinblick auf die Treue des Verstehens: in dem Maße, in dem wir das Gefühl haben, in der Interaktion zurecht zu kommen, haben wir Zutrauen zu unserem eigenen Urteil (Dreyfus und Taylor 2016, S. 122) und an anderer Stelle betonen sie „[…] das Gespür für mich als wahrnehmenden Akteur" (Dreyfus und Taylor 2016, S. 163 als Rahmungselement sozialer Interaktion. Das bedeutet im Umkehrschluss auch, dass mir meine Sicherheit im Erleben interaktiven Geschehens in dem Maße verloren geht, in dem ich mich nicht (mehr) zurechtfinde, z. B. nicht mehr sicher bin, was vor sich geht oder was ich von den anderen Beteiligten zu halten habe oder wie ich von diesen behandelt werde.

Sybille Krämer staunend wie einer Entdeckung: „Löst sich im lebendigen Wort das Gesagte vom Sprecher überhaupt ab? Das gesprochene Wort scheint in seiner Fluidität eher noch ein Attribut des Sprechers selbst, ganz und gar verwoben mit ihm als Person." (Krämer 1998, S. 246). Dieses Erleben vollzieht sich weitgehend vorbewusst und wird bestimmt von Haltungen und Werten.

Die Ebene des unmittelbaren Erlebens ist ontogenetisch die früheste Inter-aktionsebene, auf der ein Mensch sich bewegt. Die Säuglingsforschung zeigt eindrucksvoll, wie auf dieser Ebene in affektiver Einstimmung das interaktive Zusammenspiel zwischen Baby und Mutter erfolgt („matching", vgl. Stern 2004). Diese Ebene bildet das Fundament der Weiterentwicklung sozialer Fähigkeiten beim Kind („primäre Intersubjektivität", Tomasello 2009). In diesem Zusam-menhang spielt Imitation eine Schlüsselrolle[15]. Diese Ebene wird im weiteren Entwicklungsverlauf eines Menschen von anderen, mehr kognitiv geprägten, Ebenen überlagert. Sie bleibt gleichwohl bestehen, gerät zwar aufgrund des kognitiv dominierten Selbstverständnisses von Menschen aus dem Blick, bleibt aber im „[…] aktualen Vollzug mit ihnen verkoppelt […]: Die Verwiesenheit des Symbolischen auf Verkörperung erschöpft sich also nicht darin, dass Symbole jeweils physisch repräsentiert sein müssen, sie besteht vor allem in seinem inter-nen Bezug auf Zeichenformen, die an qualitative Unmittelbarkeit und leibliche Interaktionserfahrungen gebunden sind" (Jung 2009, S. 293).

Fuchs hat diese Ebene als dynamisches Resonanzsystem gekennzeichnet (Fuchs 2017, S. 226, Fuchs und deJaegher 2009). Auf dieser Ebene der ele-mentaren Interaktion geht es nicht um begriffliches Verstehen bzw. Erkennen, sondern um intuitives Handeln. Der große Teil unserer Kommunikation verläuft so. In der meisten Zeit, die wir in Begegnungen mit Anderen verbringen, han-deln wir intuitiv, spontan, routiniert, gewohnheitsmäßig, „aus dem Bauch heraus". Wir verfügen über das entsprechende *know how*. „We just talk and understand." (Taylor 1995, S. 84)

Es bedarf nicht, wie viele Kommunikations- und Interaktionstheorien behaup-ten, komplizierter Verstehensregeln, Schlussmechanismen oder Empathie, um den Klienten zu verstehen. Dieses Verstehen vollzieht sich auf der unmittelbaren Ebene des Geschehens vielmehr von selbst und intuitiv. Für dieses Verstehen ist das entscheidend, was die moderne Wahrnehmungspsychologie (Gibson 1982) und -physiologie (Fuchs 2009) den *Aufforderungscharakter* eines Gegenstands,

---

[15] Donald (2008) hat mit Rückgriff auf die Studien Nelsons (1996) in seinem Bewusstseins-modell denn auch eine eigene Ebene „mimetischer Repräsentation" vorgeschlagen. W. Pfab (2019) argumentiert dafür, das Mimesis-Konzept Walter Benjamins für Interaktionsstudien fruchtbar zu machen.

einer Handlung oder Äußerung nennt. Chemers und Käufer charakterisieren diese Sicht der Wahrnehmung mit drei Prinzipien (2016, S. 63):

- Wahrnehmung erfolgt unmittelbar in Situationen des Kontakts zwischen Wahrnehmenden und Wahrnehmungsgegenstand
- Wahrnehmung erfolgt in Handlungssituationen und folgt deren Impulsen
- Wahrnehmung reagiert auf den Aufforderungscharakter eines Gegenstandes in einer Handlungssituation (Affordanz).

Affordanzen sind Gelegenheiten für Handlungen eines spezifisch Handelnden, d. h. die Gelegenheiten müssen Gelegenheiten-für-jemanden sein.

Dieser Aufforderungscharakter springt unmittelbar ins Auge – ich sehe einen Menschen in Not, ich höre Verzweiflung oder Freude in seiner Stimme und ich spüre intuitiv, was zu tun ist – Hilfe leisten, trösten, sich mitzufreuen.

Dieser Aufforderungscharakter kommt einer Handlung oder Äußerung allerdings nie per se, als solcher, zu, sondern stets nur als Bestandteil einer Situation oder eines Kontextes (A.Pfab 2019). So kann z. B. die Frage „Können Sie mir sagen, wie spät es ist?" sehr Unterschiedliches bedeuten (die Frage hat einen unterschiedlichen Aufforderungscharakter), je nachdem in welchem Kontext sie gestellt wurde:

- in der Begegnung zweier Menschen auf der Straße: Frage nach Uhrzeit – Aufforderung: Nennen der Uhrzeit
- auf einer Party spät abends als Frage an die Gastgeberin: Vorbereitung zum Aufbruch – Aufforderung: Mit baldigem Abschied rechnen
- in einer Unterrichtssituation als Frage des Lehrers an einen zu spät kommenden Studenten: Vorwurf, zu spät gekommen zu sein – Aufforderung: sich entschuldigen
- zwischen zwei Agenten, die einander nicht kennen: „Parole" – Aufforderung: mit korrekter Gegen-Parole antworten.

In allen diesen Fällen ergibt sich das Verständnis der Bedeutung der Frage „von selbst" – und zwar eben in Berücksichtigung des Kontextes.

4.2   Verhältnis des Aktors zur Interaktion

Die zweite Leistung Schelers besteht darin, dass er soziale Interaktion nicht als Wechsel- oder Zusammenspiel einzelner Subjekte, sondern aus der Interaktion heraus denkt und Subjekte als unterschiedliche Beteiligungsmomente an der Interaktion. Scheler betrachtet Handelnde also als Momente der Interaktion – diese ist Primat. Dieser Gedanke überwindet die alltagsweltliche Überzeugung, dass es einzelne, voneinander abgegrenzte Personen sind, die miteinander kommunizieren. So alltagsvertraut diese Überzeugung sein mag – eine solche Person-Fixierung ist für eine fundierte Bestimmung sozialer Interaktion ebenso irreführend, wie sie sich für eine angemessene Bestimmung sozialer Kognitionen erweist[16].

Man muss sich vergegenwärtigen, dass die heutzutage dominierende Vorstellung separater, getrennter Subjekte, die als solche in Interaktion eintreten, historisch kontingent ist und geschichtlich vorgängige Auffassungen verdrängt hat, in denen die Verwobenheit der Interaktionsbeteiligten in die Situation und miteinander selbstverständlich war. Erst im Zuge einer Vorstellung von vertraglicher Verfasstheit und Ökonomisierung von Kommunikation etabliert sich die Auffassung von einander getrennter Vertragspartner als Modell von Kommunikation (vgl. W. Pfab 2021, s. u. Abschn. 8.2).

Schon an einzelnen Äußerungen lassen sich Phänomene interaktiver Verwobenheit zeigen:

- „Du musst doch einsehen, dass…" – ein Interaktionsbeteiligter versucht, einen anderen sich gleich zu machen.
- „Sie werden mich verachten, wenn ich …" – ein Interaktionsbeteiligter identifiziert sich mit anderen.
- „Wie kann man nur…" – ein Interaktionsbeteiligter projiziert eigene Anteile in einen anderen.
- „Nein, so bin ich nicht!" – Der Andere erweist sich als Repräsentant eigener (dunkler) Anteile von mir.
- „Ich weiß auch nicht, warum ich so reagiere." – eigenes Verhalten ersetzt „fehlendes" Verhalten des Anderen in einem systemischen Zusammenhang.

---

[16] Vgl. die Debatte um „extended cognitions" im Anschluß an Haugeland (2013) und Clark und Chalmers (2013).

Goffman (1971, S. 9) hat diesen Grundgedanken des Primats der Interaktion vor der Person formuliert im Aphorismus, es ginge nicht um Personen und ihre Situationen, sondern um Situationen und ihre Personen. Dewey hatte diese Vorstellung von Situationen bereits ausgearbeitet:

„The statement that individuals live in a world means, in the concrete, that they live in a series of situations. The meaning of the word „in" is different from its meaning when it is said that pennies are „in" a pocket or paint is „in" a can. It means (…) that interaction is going on between individuals and objects and other persons. The conception of situation and of interaction are inseparable from each other" (Dewey1979, S. 44).

Gallagher unterstreicht den Primat der Situation vor dem Subjekt:

„[…] the situation already includes the agent or experiencing subject. In this regard, for example, if I am in a problematic situation, I cannot strictly point to the situation because my pointing is part of the situation. I cannot speak of it as some kind of objective set of factors because my speaking is part of it. My movement is a movement of the situation" (Gallagher 2016, S. 24)

Eine Äußerung ist stets eine Äußerung-in-einer-Situation, sie ist Moment der Situation, ebenso wie ein „Sprecher" in konsequent interaktionstheoretischer Perspektive Moment einer Situation ist. Bachtin's Betrachtungen zur Dialogizität des Sprechens (1981) haben deutlich gemacht, dass die Vorstellung, eine Äußerung sei vollständig und nur an die Person des Sprechers gebunden, verkürzt ist. Goffman (1979) hat gezeigt, dass das Verhältnis von Sprechern zu „ihren" Äußerungen durchaus unterschiedlich sein kann[17].

Diese Verwobenheit betont auch Merleau-Ponty:

„Meinen Leib erfahre ich als Vermögen gewisser Verhaltensweisen und einer gewissen Welt, ich bin mir selbst nicht anders gegeben denn als ein gewisser Anhalt an der Welt; und eben mein Leib ist es, der den Leib des Anderen wahrnimmt, und er findet in ihm so etwas *wie eine wunderbare Fortsetzung* seiner eigenen Intentionen, eine vertraute Weise des Umgangs mit der Welt; und wie die Teile meines Leibes ein zusammenhängendes System bilden, bilden somit auch der fremde Leib und der meinige *ein einziges Ganzes*, zwei Seiten eines einzigen Phänomens, und die anonyme Existenz, deren Spur mein Leib in jedem Augenblick ist, bewohnt nunmehr die beiden Leiber in eins" (Merleau-Ponty 1966, S. 405, u. Hv.)

und an anderer Stelle:

---

[17] … wenn auch sein Differenzierungskriterium – unterschiedliches Ausmaß an Verantwortung – nur *ein* mögliches Kriterium darstellt.

„Sprechen und Verstehen sind Bestandteile eines einzigen Systems Ich – Anderer" (Merleau-Ponty 1966, S. 41), wobei dieses „Ich" nicht das „reine Ich" des Denkens ist, sondern „[…] es ist das mit einem Leib ausgestattete Ich" (Merleau-Ponty-Ponty 1966, S. 41). Die Unterscheidung von mir und Anderen ist eine der „[…] Modalitäten des Systems inkarnierter Subjekte. Die sprachliche Halluzination ist eine andere Modalität derselben. […] Sprache und Zuhören, Handlung und Wahrnehmung sind für mich völlig verschiedene Tätigkeiten nur dann, wenn ich über sie nachdenke." (Merleau-Ponty 1966, S. 41) Es handelt sich um ein

„[…] Sein zu zweien. […] Einwände meines Gesprächspartners entreißen mir sogar Gedanken, von denen ich nicht wußte, daß ich sie hatte, so daß also der Andere ebensosehr mir zu denken gibt, wie ich ihm Gedanken zuschreibe. Erst hinterher, wenn ich mich aus dem Dialog zurückzog und mich seiner wieder erinnerte, verleibe ich ihn meinem privaten Leben ein, mache aus ihm eine Episode meiner privaten Geschichte" (Merleau-Ponty 1966, S. 406).

Auch Dreyfus und Taylor betonen die Verwobenheit des Subjekts in Interaktion bzw. Situation sowie die Wirkmächtigkeit deren Dynamik auf die Handelnden: „[…] wir gehen in einem Feld von Kräften auf, die uns dazu bringen, die fortlaufende Tätigkeit des Zurechtkommens fortzusetzen" (Dreyfus und Taylor 2016, S. 159), woraus folgt: „[…] diese Interaktion läßt sich nicht beschreiben, indem man ausschließlich über den Akteur redet" (Dreyfus und Taylor 2016, S. 177) und noch einmal das Primat der Interaktion betonend: „Der Akteur ist in erster Linie nicht das Individuum, sondern einer unter mehreren, deren gemeinschaftliche Beteiligung im Rahmen gemeinsamer Formen unentbehrlich ist" (Dreyfus und Taylor 2016, S. 197).

In prägnanter Weise ist diese Verwobenheit mit und in der Interaktion in Fällen von Improvisation gegeben (vgl. W.Pfab 2019).

In radikaler Weise liegt diese interaktive Verwobenheit in Fällen vor, die Scheler „Einsfühlung" nennt. Es handelt sich um einen Grenzfall, in dem die Beteiligten vital-leiblich zu einer Erlebniseinheit zusammengezogen sind und in einem konventionellen Sinne niemand miteinander kommuniziert. Eine Ausdifferenzierung von Du und Ich wird nicht vollzogen und auch keine Trennung zwischen inneren und äußeren Gefühlslagen zwischen den Subjekten bzw. zwischen Subjekt und Objekt oder zwischen Geschehen und Zuschauern vorgenommen. Schelers Bezeichnung der Einsfühlung ist nicht metaphorisch gemeint – etwa im Sinne von „ich fühle, was du fühlst" oder „wir fühlen

gemeinsam" oder: „wir fühlen uns als eine Einheit", sondern als wirkliches Ver-
schmelzungserleben.[18] Als Beispiele für solche Verschmelzungen führt Scheler
an (1974, S. 19 ff.):

- Geschlechtsakt
- Hypnose
- Ekstase
- Rausch
- Massenphänomen
- Mutter-Kind-Symbiose
- Kindliches Miteinanderspielen
- Identifikation
- Hingabe
- Unterwerfung

Die Logik sozialer Interaktion ist eine andere als die Psycho-Logik der beteiligten Subjekte. Mit Shoshana Felman gesprochen weiß die Ineraktion als Praxis
nicht, was sie tut, sie folgt einer Natur anderen Logik als der des subjektiven
Wissens (2003, S. 86). Wie immer diese Logik im Einzelnen aussieht – Scheler
ist davon überzeugt, dass es keine temporale Logik ist (wie es z. B. die conversational analysis im Konzept der Sequentialität annimmt), und keine Dialogik
des Wechsel- oder Zusammenspiels einzelner Subjekte. Eher ist es angemessen,
von einer Logik emergenter Felder zu sprechen, einer Logik von Paradoxien
und Widersprüchen oder von zirkulären Strukturen. In jedem Fall handelt es
sich um eine Interaktions-Logik; Handelnde spielen eine Rolle als Beteiligungen am Zustandekommen des Interaktionsereignisses oder der Interaktionsgestalt,
die ihrerseits diese Beteiligungen steuert, ebenso wie die Dynamik, die sich in
der Entfaltung der Gestalt entwickelt. Pfab formuliert: „Wir sind in Interaktion
verstrickt" (W.Pfab 2021, 208 ff.).

---

[18] Scheler lässt keinen Zweifel daran, dass Eins-Fühlung die archetypische, zwingende
Erfahrung der Sozialität – als einer nicht eingebildeten, sondern tatsächlich vollzogenen und
im Vollzug selbstgegebenen und unhinterfragbaren Erfahrung – darstellt. Sie fundiert alle
anderen Formen der Intersubjektivität, sie „gibt" uns die Evidenz der Verbundenheit. (wo sie
fehlt, meint Scheler, wird ihr Fehlen als „Mangelbewußtsein" gefühlt) (1974, S. 230).

Um dem dynamischen Aspekt solcher interaktiver Gestalten Rechnung zu tragen, bezeichnen wir sie als *Bewegungsmuster*. Kandidaten[19] für solche Bewegungsmuster sind:

- Eskalation (Glasl 2013)
- Flaute (Berens et al. 1976)
- Ritual (A.Pfab 2021)
- Steigerung (Staw 1987)
- Runde bei Erzählungen (Schwitalla 1992, Goodwin 1986)
- Spirale (Bliesener und Köhle 1986)
- Gabe (Hénaff 2009)
- Bindungsmuster (Szenische Inszenierung, Arrangement) (Pfab 2020a)
- Geschlossene Diskurssysteme (Nothdurft 1992)
- Improvisation (W.Pfab 2019)
- Verschleppung (Nothdurft 1996, S. 138 ff.)

Subjekte bewegen sich in diesen Mustern, wie man sich im Tanz bewegt und diesen damit schafft – es handelt sich, um es mit Stern zu formuliere, um ein „Dahingleiten" (Stern 2006, S. 33).

Die Logik der subjektiven Erfahrung, die Verarbeitung von Informationen, das Arbeiten an Typisierungen und Konstruktionen, der Einsatz von Inferenzen nimmt seinen Ausgangspunkt von der jeweiligen Logik der Interaktion und entwickelt reflexive Komplexität und autopoietische Dynamik aus der Interaktion heraus, in die ein Handelnder involviert ist (vgl. als Beispiel die „Evolutionsmechanismen" des „reflexiven Bezugs" und des „evolutiven Sprungs", Nothdurft 1998a, Kap. II.1.3). Wiederum ist es von der interaktiven Gestalt abhängig, in welcher Weise und in welchem Ausmaß solche selbstreflexiven Prozesse bis hin zur Fixierung auf eine jeweilige Identität ihrerseits das Interaktionsereignis beeinflussen. Für manche interaktiven Muster ist es charakteristisch, dass das einzelne Subjekt gleichsam in ihnen „aufgeht" – zusammen tanzen, gemeinsam lachen (Plessner 1970), Musik machen (W.Pfab 2019), spielen (Goffman 1973), improvisieren (W.Pfab 2019), in anderen ist mit erhöhter Selbst-Referenzierung zu rechnen – Interaktionsmuster mit erhöhtem Zwang zur Selbstdarstellung oder mit

---

[19] Wir sprechen von „Kandidaten", weil die beobachteten Bewegungsmuster teilweise unter methodologisch fragwürdigen Bedingungen festgestellt worden sind und ihre Fundiertheit jeweils weiterer Prüfung unterzogen werden muss.

strategischen Erfordernissen (Personalgespräch, Vorstellungsgespräch, Interaktion mit Täuschungscharakter).

Pfab (2020a, S. 43) hat mit Rückgriff auf den Begriff des Engagements bei Goffman (1973) unterschiedliche Grade des Involviertseins und Weisen der Gesprächsbeteiligung mit entsprechenden Qualitäten des Verstehens unterschieden:

• nur körperlich anwesend sein	kein Verstehen
• widerstrebend da sein (verlegen sein, sich entfremdet fühlen)	widerwilliges Verstehen
• nicht bei der Sache sein (abgelenkt sein)	Stichwort-Verstehen
• nach Schema-F handeln (mechanisch handeln)	bürokratisches Verstehen
• in die Situation versunken sein	personales Verstehen

Im Bereich der Konversationsanalyse sind es die Arbeiten von Charles Goodwin, die einem solchen Interaktionsverständnis nahekommen. Für Goodwin liegt in einer Konzeptualisierung sozialer Interaktion der Primat nicht bei den Personen, sondern bei den multi-modalen Beteiligungen am interaktiven Geschehen bzw. an der Weiterentwicklung des Interaktionsereignisses: „Rather than being located within a single individual, the speaker […] is distributed across multiple bodies and is lodged within a sequence of utterances" (Goodwin 2007, S. 37). Primär ist die sich herausbildende Logik der jeweiligen Interaktionssituation – Goodwin spricht von „emerging structure of the activities in progress" (Goodwin 2007, S. 28). Interaktionsbeteiligte müssen diese ebenso in Rechnung stellen wie die Beiträge anderer Beteiligter zum Geschehen („what precisely other parties are doing" (Goodwin 2007, S. 28)) und den antizipierten oder absehbaren weiteren Interaktionsverlauf („the implications that this has for the trajectory of future actions" (Goodwin 2007, S. 28)).

4.3 Der Stellenwert von Konstruktionen in einer Theorie des kommunikativen Realismus

Für die *konstruktive* Wissensgenese nehmen wir nicht die subjektive Perspektive, sondern jenen Aspekt des Kommunikationsprozesses in Anspruch, in dem die „Bildinhalte" der Verständigung zugeführt, also expliziert, entkontextualisiert und vertextet werden. Vom subjektiven Standpunkt aus betrachtet umspannt dieser

Vorgang sowohl die Praxis der leiblichen Ausdruckstätigkeit *als auch die* Verkettung von Ausdrucksinhalten – beides jedoch im Modus des Mitvollzugs: Sie gehen real nicht im Subjektiven auf.

Der Konstruktionscharakter von Erkenntnis beruht also auf den mehr oder weniger expliziten Verständigungs- und geistig-personalen Reflexionsprozessen, während sowohl die unmittelbaren, prä-reflexiven Prozesse des Habens von Welt als auch die Prozesse der Beteiligung an körpergebundener Kommunikation der personalen und gesellschaftlichen *Erkenntnis*konstruktion vorausliegen und diese tragen.

Kommunikativ verdichtete Äußerungen, wie z. B. Schlüsselwörter (vgl. Nothdurft 1996b), Sprachformeln, Floskeln emergieren aus dem dynamischen Interaktionsgeschehen (s. o. Geertz: „enigmatical"), an dem die Individuen als Personzentren mitvollziehend (und nachvollziehend) beteiligt sind. Die sich verstetigenden Konstrukte sind als Deutungsmuster subjektiv bedeutsam, weil sie gerade nicht „subjektiv", sondern daseinsrelativ als vorgegeben zu denken sind.

Konstruktionen sind als Deutungsmuster subjektiv bedeutsam, weil sie gerade nicht „subjektiv", sondern daseinsrelativ als *vorgegeben* zu denken sind. So betrachtet erhalten die „Konstruktionen" selbst sogar einen erheblich stärkeren „objektiven" Charakter, als er im Ping-Pong-Spiel des Gebens und Nehmens von Handlungen und Gründen als Grundlage subjektiven Wissens angedacht ist. Denn gerade auch die Versprachlichung von Gefühlen muss dann als Element eines der Individuierung des Personseins vorhergehenden kollektiven Unterfangens verstanden werden. Vitale Einsfühlung fundiert so den Prozess der kollektiven Tradierung von Fühlensinhalten, dieser selbst vollzieht sich aber in der bildinhaltlichen Kommunikation, die Gefühle expliziert, die zunächst als eigene erscheinen, obwohl sie es nicht sind: „Das verliebte junge Mädchen fühlt nicht seine Erlebnisse zunächst in Isolde oder in Julia ein, sondern es fühlt die Gefühle dieser dichterischen Gestalten in seine eigenen kleinen Erlebnisse hinein. Erst später durchbricht vielleicht ein echtes Eigengefühl das Gespinst dieser Gefühlsphantastik" (Scheler 1955, S. 266)

Dieses Geschehen beruht auf der historischen Semantikbildung. Die Grundlage von Semantiken – also Ausdrucks*formen* – bilden nicht einzelne kommunikative oder gedankliche Vollzüge. Vielmehr bildet erst die Verkettung von Aussagen und deren narrative Fassung die Grundlage der Bildung von Deutungsmustern und Semantiken. Diese werden im Mitvollzug der Kommunikation *als solche* erfasst und personal auf die Situation bezogen, aus der sie zugleich herausweisen. Deutungsmuster resp. Konstruktionen sind so gesehen nicht selbst „handlungsleitend". Und deshalb müssen die beiden Prozesse des Erfassens von Konstruktionen durch Personen in leiblicher Interaktion und des Prozessierens derselben als semantische Innovationen, wie etwa Ricoeur (1986) gezeigt hat, sorgfältig unterschieden und beides ausgehend von der echten Eins-Fühlung rekonstruiert werden.

Kommunikation ist, wie Mead (1973) gezeigt und worauf Luhmann (1998) immer wieder hingewiesen hat, eine unmittelbar bindende Praxis. Modelle, die Kommunikation als eine Art Ping-Pong-Spiel aufbauen (z. B. Auer 2020), übersehen die strikte Gleichzeitigkeit von Sehen, Sprechen, Hören, Lesen, dem leiblich-seelischen Involvement und die auf jene Einbeziehung ausgerichtete Bewusstseinsspannung (mit Scheler: des Personseins).[20]

Wenn die oben beschriebenen Täuschungsrichtungen unser Bild des kommunikativen Mitvollzugs verzerren, dann insoweit, als wir jene kommunikativen Akte zu Elementen des *inneren* personalen Geschehens deklarieren. Mit Scheler müssen wir Personalität jedoch als eine „Aktsubstanz" verstehen, die im Mitvollzug an der Welt teilhat und die sich durch den Mitvollzug formt und verändert (Scheler 1974, S. 219). Der Mitvollzug ist wesentlich fühlend und ausdrucksbezogen, holistisch. Die einzelne Person bildet sich gleichsam in einer Bewegung und zwar ihrer konkret-individuellen Bewegung auf die Welt hin (in ihren Akten des Fühlens, Wollens, Erkennens). Im intentionalen Fühlen wird umgekehrt die „Gegenständlichkeit der Welt" zugänglich (Scheler 1954, S. 273). Es ist also nicht so, dass individuelle Perspektiven bloß „subjektiv" sind. Vielmehr ist *jedes* Erfassen von etwas sowohl personal gefärbt als auch „welthaltig" und „wirklich". Mit der Welthaltigkeit dieser mitvollziehenden Beteiligung meinen wir, mit Husserl gesprochen, dass das Fremde im Bewusstseinsprozess nicht auf das Bewusstsein zurückgerechnet werden kann (Husserl 1995). Bei diesem „echten" Fremden der inneren Wahrnehmung kann es sich nun aber um einen – daseinsrelativen – Bildinhalt der „Welt", der Kommunikation oder der Besonderheit des anderen Individuums handeln. Dass die Sonderung dieser Sphären der Dinge, der Anderen und der Zeichen selber nicht vorgegeben ist, sondern erst in der Folge der

---

[20] Man könnte die Ping-Pong-Vorstellung auch das Atomismus-Modell von Interaktion oder im Anschluss an Taylors Herder-Aufsatz das Condillac-Modell von Interaktion nennen. Im Widerspruch zum Condillac-Modell, nach dem Sprache sich schrittweise von Wort zu Wort aufbaut, konstatiert Taylor: „Language is not something that can be built up one word at a time" (Taylor 1995, S. 94). In Analogie dazu könnte man sagen: Interaktion ist nicht ein Gegenstand, der in der Weise des „ein Sprecher nach dem anderen" zustande kommt. So wie Herder festgestellt hatte, dass der Condillac'schen Sichtweise „das ganze Ding Sprache" vorausgesetzt ist, könnte man entsprechend sagen, dass die Sichtweise „ein Sprecher nach dem anderen" das „ganze Ding Interaktion" voraussetzt. Dieser atomistische Ansatz findet sich auch bei Mead, insofern dieser von der einzelnen Aktion und ihrer Reaktion als Grundlage von Identität und Sozialität ausgeht und dem Kontext der einzelnen Aktion keine Beachtung schenkt; vgl. Taylor (1995, S. 87).

Individuierung der Person zur Gegebenheit kommen kann, ist für Schelers – und für unser – Argument ungemein wichtig.

Scheler geht, wie wir sahen, von der genuinen „Realität" und Eigenständigkeit des Erlebens sozialer Beziehungen (Scheler 1955, S. 257) sowie des Gedanklichen und des äußeren, also des „physischen" *und* des Wert- und Ausdrucksgeschehens aus. Subjektives und Soziales sind nicht aufeinander reduzierbar, sie haben unterschiedliche phänomenale Qualitäten. Die Wahrnehmung der Kommunikation als subjektiver (Wissens)-Konstruktion objektiven Zeichengeschehens ergibt sich so als eine lebensweltlich naheliegende Art innerer Täuschung in Schelers Sinn der Haupttäuschungsquelle (wirklich psychisches wird für vermeintlich physisches genommen (Scheler 1955, S. 257)). Dabei bezieht sich das Erleben als ein echtes Geschehen auf einen ebenso echten, aber natürlich daseinsrelativen Ausschnitt des weltlichen Geschehens, in unserem Falle auf kommunikative Akte hin.

Die Reduzierung von Kommunikation auf Sprachlichkeit und ihre Betrachtung aus der Beobachterperspektive mit dem dadurch suggerierten sequenziellen Charakter im Zwischenraum der Kommunizierenden erzeugt zwar die nachvollziehbare Täuschung, Kommunikation sei intentionales Sprechen im Wechsel von Rede und Gegenrede. Aber, und hier können wir zusätzlich auf die bereits angesprochenen Einsichten Meads und Luhmanns verweisen, die Kommunikation beruht auf einer gleichzeitigen Aufmerksamkeitsfokussierung, die von den personhaften Ichen auf die gemeinsame Situation vollzogen werden muss. Erst die innere Sequenzierung der Kommunikation erzeugt unter bestimmten Umständen – und keinesfalls immer, z. B. nicht im Ritual oder der religiösen Praxis – jene Aufteilung auf Ich und Du, erzeugt also erst die „doppelte Kontingenz", deren Erneuerung Kommunikation weiterführt (Scheler 1974, 239 f.; Luhmann 1998; Klemm 2010). Kommunikation müssen wir also grundsätzlich als personalen Mitvollzug eines weltlich-sozialen, *echten* Geschehens verstehen und nicht als Wechsel von Person zu Person oder als Austausch subjektiv gehabten Wissens zwischen Personen (s. dazu Scheler 1955, S. 292).

Eine Aufgabe einer Theorie des kommunikativen Realismus ist es somit, auf der Grundlage der echten leiblichen Verstrickung den reflexiven Abhebungsvorgang dieses „Zwischenraums" des Sozialen in seiner Breite zu erfassen und zu untersuchen, der *nur* in der echten Einfühlung (s. o.) aufgelöst werden kann.

Kommunikativer Realismus – kommunikationswissenschaftliche Befunde

5

5.1 Materialität der Kommunikation

Lassen sich kommunikationswissenschaftliche Forschungen identifizieren, in denen mit Konzepten gearbeitet wird, die sich in Bezug zu der von Scheler fokussierten Dimension sozialer Interaktion setzen lassen? Es sind vorrangig bestimmte Bereiche der Gesprächsforschung, der Ethnographie und der Oralitätsforschung, in deren Rahmen ein breiter Bestand an Erkenntnisse entstanden ist, der das Schelersche Konzept von Intersubjektivität und Interaktion stützt, plausibilisiert und erläutert. Andersherum lässt sich aus Schelers Arbeiten eine konzeptionelle Grundlage entwickeln, auf der diese Forschungen in ein systematisches Verhältnis zueinander gesetzt werden können. Es ist angesichts der Dominanz des sinn-semantischen Diskurses (s. o.) allerdings auch nicht überraschend, dass diese Befunde und die in ihnen vertretenen Ansätze im Bereich aktueller Kommunikationsforschung eher marginalisiert sind.[1] Insgesamt zeigen sie, dass wesentliche Prozesse sozialer Interaktion sich auf einer prä-symbolischen Ebene von Kommunikation abspielen,[2] dass Momente des gemeinsamen Erlebens von entscheidender Bedeutung für den Vollzug von Kommunikation sind und dass ästhetische Kategorien wie Poetik und Geschmack für das Gelingen von Kommunikation eine wesentliche Rolle spielen und zu einem gegenüber dem Konstruktivismus erheblich erweiterten Verständnis von Kommunikation führen. Krämer (2006) betont die Relevanz solcher Momente, wenn sie schreibt: „Dieses

---

[1] So ist z. B. die wichtige Arbeit von Zumthor (1990) „Einführung in die mündliche Dichtung" gegenwärtig nicht mehr verfügbar. Auch Schützeichel (2016) in seiner Studie zu Stimme und Atmosphäre erwähnt Zumthor nicht.

[2] Vgl. hierzu auch die Beiträge in Gumbrecht und Pfeiffer (1988).

© Der/die Autor(en), exklusiv lizenziert an Springer Fachmedien Wiesbaden GmbH, ein Teil von Springer Nature 2022
W. Pfab und M. Klemm, *Einführung in die Theorie des Kommunikativen Realismus*, https://doi.org/10.1007/978-3-658-37776-2_5

‚wie' erzeugt […] einen affektiven Raum unserer Verständigung, eine sympathische oder antipathische Bezugnahme auf den Anderen, ein Begehren oder eine Abwehr, welche Gemeinschaftlichkeit stiftet oder unterläuft, bevor überhaupt die wechselseitige intersubjektive Anerkennung von Geltungsansprüchen durch die argumentative Rede […] zu greifen vermag" (Krämer 2006, S. 7). Einige dieser Ansätze sollen im folgenden kurz skizziert werden.

5.1.1 Zumthor: die Suggestivität der Stimme

Die Stimme ist innerhalb der Kommunikationswissenschaften lange und folgenreich domestiziert worden. Dazu hat die gesamtgesellschaftliche Dominanz von Schriftlichkeit beigetragen, ferner die Vorstellung von Sprechen als (bloße) „Realisierungsvariante" von Sprache[3], die kognitive Orientierung bei der Untersuchung von Kommunikation sowie gesellschaftliche Standards des Sprechens, die das „neutrale", nicht affektbetonte Sprechen mit der Akzentuierung auf dem Informationsgehalt als „offiziellen" Code ausweisen (s. auch Bourdieu 2017).[4]

So wurde lange akademisch ausgeblendet, was unmittelbarer alltäglicher Erfahrung evident ist: die Wirkungsweise der Stimme – eine Erfahrung, die Karl Bühler bereits 1934 als Überzeugung formulierte, so wie es einem Sex-Appeal gäbe, gäbe es auch einen „Speech-Appeal" (Bühler 1999, S. 29).

Unter denen, die sich um eine akademische Rehabilitierung der Stimme bemühten, ist v. a. Paul Zumthor zu nennen. Für ihn ist im Anschluss an die Studien von Parry und Lord zur Oralität ganz klar, dass die wesentlichen

---

[3] Dagegen Zumthor: „Die Rede ist nicht einfach die Vollstreckerin des Sprachsystems. Sie bestätigt nicht nur nicht vollständig dessen Vorgaben, sondern handelt ihm oft, in ihrer ganzen Körperlichkeit, zu unserer Überraschung und unserem Vergnügen zuwider" (Zumthor 1988, S. 709). Zumthor weist gar auf eine kosmologische Überhöhung der Differenz von Stimme und Schrift hin: „Die Geschichte der Sünde beginnt mit den Worten der Schlange, und das Wort Gottes ist im Buch (also der Schrift) festgehalten. Die Stimme als solche ist verführerisch, sie beschreibt das Auslöschen der Bedeutung im Glanze ihrer vitalen Leidenschaften" (Zumthor 1994, S. 54).

[4] Postman (1985) weist darauf hin, daß die Orientierung an Schriftlichkeit in der US-amerikanischen Kultur zu einer Vorstellung von „printed orality" geführt habe: „Speeches were delivered in a stately impersonal tone consisting of an impassionate, coldly analytical cataloguing of attributes" (Postman 1985, S. 42); ähnlich charakterisiert Bühler das Ausdrucksregime in der Zeit der Weimarer Republik „[…] durch Unterlassen aller Arten von Gebärden, die ‚als selbstzweckdienlich ausdruckshaltig und darum losgelöst vom sachbezogenen Handeln und vom sachlich darstellenden Sprechen hervorgebracht' werden" (W.Pfab 2021, S. 203 mit Zitat von Bühler). Zur historischen Dimension der Durchsetzung der Standardsprache als Element von Herrschaft s. Bourdieu (1992b).

Eigenschaften der Stimme in einer prä-symbolischen, vor-begrifflichen Ebene der Kommunikation zu finden sind; er betont „[…] den Vorrang des Rhythmus, die Unterordnung des Sprechens unter das Atmen, der Wiedergabe unter die Handlung, des Begriffs unter die Haltung, der Bewegung des Gedankens unter die des Körpers" (Zumthor 1990, S. 31).

Zumthor bezieht die besondere Wirkungsweise der Stimme bemerkenswerterweise gerade auf jenes Moment des Handelns, das für Geertz (und viele andere) als Hindernis für die Bestimmung von Sinn und Bedeutung betrachtet wird: die Flüchtigkeit des Geschehens. Er führt aus:

> „Daher bedarf es […] einer besonderen Beredsamkeit, einer Mühelosigkeit der sprachlichen Gestaltung, einer eindringlichen Suggestivkraft und einer durchweg herrschenden Rhythmisierung. Dem folgt der Hörer; zurückbleiben kann er nicht. Die Botschaft muß unmittelbar wirken, was immer ihr angestrebter Effekt ist" (Zumthor 1988, S. 708)

Zumthor betont, dass man die Stimme stets als Moment eines situativen Ensembles einschließlich Zeitpunkt, Raum und Stimmung der Vorführung betrachten muss, das die Wirkungsweise der Stimme mitbestimmt – und dass die Wirkungsweise sich mit dem speziellen, selbstverstärkenden Wirkungseffekt der Beeindruckung durch die Gemeinsamkeit des Hörerlebnisses intensiviert. Der springende Punkt ist die performative Kraft der Stimme, die sich nur über die Gemeinsamkeit des Hörens bzw. Erlebens bestimmen lässt.

Auch Dolar entwickelt eine Theorie der Stimme, bei der Akzent, Intonation und Klangfarbe als Ausdrucksgestalten der Stimme hervorgehoben werden (Dolar 2014, S. 31 ff.). Dolar stellt heraus, dass die Stimme eine Sonderstellung (in) der Kommunikation einnimmt, da sie weder dem äußernden Körper angehört noch Teil der Sprache ist. So fügt sie keinen sinn-semantischen Inhalt hinzu, der von der Kette der Signifkanten getragen wird. Und doch wird die Bedeutung vermittels der Stimme erfasst und erfühlt: der Ton (Ironie, Aggression, Herablassung etc.) macht, wie man sagt, die Musik. So scheint die Stimme aus der Sprachwissenschaft herausabstrahiert worden zu sein und doch elementar und bestimmend für das praktische Kommunikationsgeschehen.

5.1.2 Schieffelin: enhanchment of experience

Der Anthropologe Edward Schieffelin (1985) zeigt in seiner Studie über ein Heilungsritual der Kaluli (Papua Neu-Guinea), dass sich die wesentlichen Prozesse dieses Rituals nicht auf der Grundlage einer Vorstellung des Rituals als „kulturellem Text", dessen Bedeutung entschlüsselt werden kann, verstehen lassen, sondern dass es stattdessen eines Konzepts unmittelbarer Erfahrung und deren Steigerung bedarf. Er spricht im Anschluss an Bauman (Bauman 1986, S. 133) von „enhanchment of experience" („[…] through the present appreciation of the intrinsic qualities of the act of expression itself" (Schieffelin 1985, S. 707). Für den Vollzug und das Gelingen des Rituals ist dessen unmittelbares Erleben entscheidend, etwa das Erzeugen von Spannung und ungewisser Erwartung, die Herstellung der *communitas* (Turner 2005) des gemeinsamen Singens, das Erzeugen von Eindrücken auf der Basis von Angst und Phantasie, das interaktive Zusammenspiel von Akteuren und Zuschauern, u. a. m.[5] Schieffelin betont das Moment von unmittelbarer Wirkung, das durch diese Prozesse zustandekommt – „The situation itself is coercive" (Schieffelin 1985, S. 709). Just diese Erlebens- und Erfahrungsqualitäten sind es, die Habermas als Vorrecht von Glaubensgemeinschaften herausarbeitet: die Vermittlung von Gewissheit durch eine rituelle Praxis (Habermas 2012).

„It is through participation in ritual singing and dancing, through viewing dramatic presentation of sacra, emblems, and masks, or through being subjected to painful ordeals that participants come to see symbolic representations as external and having a force of their own." (Schieffelin 1985, S. 708)[6]

5.1.3 Nothdurft und Schwitalla: gemeinsam musizieren

Nothdurft und Schwitalla haben als Leitbild für die Betrachtung verbaler Interaktion die Metapher des „gemeinsamen Musizierens" vorgeschlagen (1995). Dieses Leitbild stellt insbes. auf Aspekte sozialer Interaktion ab, die auf einer vorsymbolischen Ebene liegen wie Synchronizität der stimmlichen und körperlichen

---

[5] In der Terminologie von Bataille (1999) handelt es sich um „starke Kommunikation".

[6] An dieser Stelle sei nur darauf hingewiesen, dass sich hier eine Reflexion kommunikativer Möglichkeiten (und Grenzen) der Gemeinschaftsbildung anschließen ließe. Wenn das Diktum Durkheims richtig ist „Die Gesellschaft kann ihren Einfluß nicht fühlbar machen, außer sie ist in Aktion; und dies ist sie nur, wenn die Individuen, die sie bilden, versammelt sind und gemeinsam handeln" (Durkheim 1981, S. 560), stellt sich die Frage, in welchen kommunikativen Formaten in modernen westlichen Kulturen „Individuen versammelt sind und gemeinsam handeln". Antworten auf diese Frage können immerhin auf die luziden Analysen Cassirers in „Der Mythus des Staates" (2002) gegründet werden. Des weiteren: Luhmanns Analyse der Transzendenz-Bewältigung in religiösen Riten (Luhmann 2002) sowie die Studien von Joas (2011, 2017).

Momente sozialer Interaktion, „Klangzauber", d.h Ästhetik wie auch Suggesti-
vität des Sprechens, die Flüchtigkeit des Geschehens als konstitutives Merkmal
sozialer Interaktion und das Moment der Intuition: „Interaktion vollzieht sich [...]
als intuitive Improvisation des Gespräches und der Beteiligung von Moment zu
Moment" (Erickson 1988, S. 1086, u.Ü.). Sie schließen damit an den Diskurs der
Ethnopoetik an, in dem schon seit längerem kommunikative Phänomene unter
dem Gesichtspunkt ihrer poetischen Qualität untersucht werden (Phänomene
der Rhythmisierung, der Wiederholung, der Versbildung, der Strukturierung von
Erzählungen, u. a. m.). Die Relevanz von Rhythmus und klanglich-musikalischer
Qualität des Sprechens für die Suggestivkraft der mündlichen Rede als auch für
die Synchronizität des interaktiven Zusammenspiels der Beteiligten kann nicht
genug betont werden. Tannen (Tannen 1989, S. 16) führt diese Wirksamkeit
darauf zurück, dass musikalisch-rhythmisches Erleben eine der grundlegenden
menschlichen Erlebnisweisen überhaupt ist.[7]

5.1.4 Nothdurft: embodiment – das Hantieren mit Wörtern

Nothdurft (1996b, 2002b) setzt sich im Forschungsprogramm der interaktiven
Bedeutungskonstitution mit der Frage der Bedeutung von Wörtern im Rahmen gesprächsanalytischen Arbeitens auseinander. Er macht darauf aufmerksam,
dass Wörter „[...] im Rahmen einer interaktionstheoretischen Betrachtungsweise
einen völlig anderen Status [haben] als im Rahmen anderer Theorieprogramme,
die sich mit ‚Wörtern' beschäftigen." (Nothdurft 2002b, S. 59). Es bedarf
entsprechend eines Konzepts, das Wörter im Rahmen eines erfahrungs- und
handlungsbezogenen Beschreibungsrahmens erfasst. Einen solchen Rahmen findet Nothdurft im Diskurs um das Konzept von *embodiment*: „Die Grundidee von

---

[7] Auftrieb hat dieser Forschungszweig im Rahmen der Arbeitsplatzforschung (Flow-
Erlebnisse; Handwerk; Sennett (2008)) erfahren, und er kann ebenso als grundlegendes
Element der Theorie des Weltverhältnisses gesehen werden, wie sie in der Soziologie Rosa
vorschwebt. Rosa unterscheidet zwischen einem getragenen und einem geworfenen in die
Weltgestelltsein, einer responsiv-resonanzstarken Verankerung gegenüber einer repulsiv-
stummen Stellung in der Welt (Rosa 2016). Sennett ist indessen darum bemüht, ein genuin
an der Sozialität von Arbeit und Verständigung orientiertes Kooperationskonzept zu entwickeln, das die Semantik der Kooperation mit einer normativen Praxis derselben vermitteln
kann (Sennett 2012). Er betont dabei ganz zu Recht, dass die performative Qualität har-
monischer Kooperation Dissens und Distanz wird mitberücksichtigen müssen. M. a. W. ist
eine alleinige Konzentration auf Resonanz verkürzt und politisch betrachtet blauäugig (s. u.
Abschn. 8.2).

‚embodiment'-Konzepten besteht darin, die Bedeutung eines sprachlichen Ausdrucks aus unmittelbaren körperlichen Erfahrungen, sinnlichen Erlebnissen und Handlungsvollzügen [...] mit dem sprachlichen Ausdruck abzuleiten, also *aus dem, was jemand mit einem Wort tut.* [...] Der zentrale Punkt von ‚embodiment'-Konzepten liegt darin, dass darauf aufmerksam gemacht wird, dass in Interaktion Aktivitäten des ‚Hantierens' mit Wörtern erfolgen und dass dieses ‚Hantieren' bei den Interaktionsbeteiligten zu kommunikativen Erfahrungen mit diesen Wörtern führt, die diesen sehr wohl ein ‚Gefühl' für diese Wörter geben, ohne daß die Wörter in ihrer (eigentlichen?) Bedeutung bekannt sein müssten." (Nothdurft 2002b, S. 64 f.)[8]

Der Bezug auf Worte ist dabei kein Zufall. Denn das Hantieren mit Worten greift diese aus deren horizontaler Bedeutungsgenese von Worten innerhalb von Sätzen und Texten, wie sie die Semantik (und damit Kommunikation und Narration) vornimmt, heraus.

5.1.5 Gumbrecht: Präsenz

Während das für soziales Geschehen, insbesondere soziale Interaktion konstitutive Moment der Flüchtigkeit bei Geertz noch den Status einer Störung hatte, der gegenüber der Sinn sozialen Geschehens „gerettet" werden muß („to rescue the ‚said' of such discourse from its perishing occasions" (Geertz 1983, S. 20)), versuchen gegenwärtig Forscher wie Gumbrecht (2004, 2012), Nancy (1993), Mersch (2002), Ghosh und Kleinberg (2013), mit dem Konzept der „Präsenz" genau dieses Moment sozialer Interaktion begrifflich (und ansatzweise auch empirisch) zu erfassen.[9] Damit ist allerdings auch eine Umorientierung weg von der Fokussierung auf Fragen des Sinns und der Bedeutung hin zu Fragen der Ereignishaftigkeit, der Emergenz, des Vollzugs von Geschehen und der Körperlichkeit von Kommunikation – und eben – deren Präsenz verbunden. Gumbrecht geht es

---

[8] In der Tradition Schütz' ließe sich von „impliziten Begriffen" sprechen (Schütz 1971), die wir verwenden, ohne deren Bedeutungsumfang explizit benennen zu können. Das Problem taucht z. B. bei Lob und Tadel auf: Wenn man Kindern vermitteln will, was es bedeutet, sich zu entschuldigen („du musst das nicht nur sagen, sondern auch meinen") – und daran verzweifelt. Geradezu umgekehrt ließe sich der Fall beschreiben, bei dem es eine explizite Wortbedeutung gibt, die personal zu entschlüsseln aber einer sozialen Praxis bedarf, in der die bezeichnete Normativität „gelebt" wird. Hier ginge dann die „Ent-Täuschung" gewissermaßen „von außen nach innen".

[9] Gumbrecht sieht eine solche Umorientierung bereits in Arbeiten von Bergson und Mead angelegt (vgl. Gumbrecht 2012, S. 256 f.).

darum, die Wirklichkeit sozialen Geschehens „jenseits" oder „vor" dem semantischen Charakter des Geschehens, das „Nicht-Hermeneutische" (Gumbrecht 2012, S. 266) zu erfassen, so z. B. von Sportereignissen. „Sport ist nicht – zumindest nicht in erster Linie – Darstellung" (Gumbrecht 2012, S. 266). Für die Erfassung dieser Wirklichkeit greift die Unterscheidung in Signifikat und Signifikanten nicht mehr. Gumbrecht schlägt vor, stattdessen mit der Opposition von „Form" und „Substanz" zu arbeiten: „Angemessener für eine ‚Präsenzkultur' ist […] der aristotelische Zeichenbegriff, welcher Substanz mit Form kombiniert, und zwar ‚Substanz' als das, was Raum einnimmt, und ‚Form' als jene Dimension, welche die Substanz erst wahrnehmbar macht" (Gumbreccht 2012, S. 299).

5.2 Konstruktionen als Täuschungen

Eine Betrachtungsweise von Kommunikation, wie wir sie in Kap. 4 skizziert haben, ignoriert Phänomene der Deutung kommunikativer Ereignisse keineswegs, schreibt ihnen allerdings einen anderen Status zu als dies im Rahmen von Ansätzen des kommunikativen Konstruktivismus erfolgt und akzentuiert andere Eigenschaften von Deutungen: Der Ansatz des kommunikativen Realismus bestreitet erstens entschieden, daß nur mit dem Konzept der „Konstruktion" bzw. des „Deutungsschemas" die Wirklichkeit kommunikativer Ereignisse analytisch erfaßt werden kann, und ist – zweitens – der Auffassung, daß die Eigenschaften von Deutungsschemata aus einer Theorie des kommunikativen Realismus heraus entwickelt werden müssen. Im Rahmen einer solchen Betrachtungsweise sind Konstruktionen v. a. als Täuschungen der Wahrnehmung bestimmt – Täuschungen, die „die faktische Qualitätenfülle der Welt für unser Bewußtsein vermindern" (Scheler 1955, S. 274).[10]

Im Gegensatz zu konstruktivistischen Grundannahmen, denen zufolge der Mensch ohne Deutungsmuster von der Komplexität der Wirklichkeit überfordert wäre („Reizüberflutung"), sind wir mit Scheler der Überzeugung, dass der Mensch der Komplexität der Wirklichkeit nicht nur gewachsen ist, sondern sie für ein erfülltes Leben benötigt. „Ich befinde mich in einer unermeßlichen Welt sinnlicher und geistiger Objekte, die mein Herz und meine Leidenschaften in

---

[10] Bereits Scheler ist in „Idole der Selbsttäuschung" der Auffassung, es handele sich um einen Fall pathologischer Wahrnehmung. In neuerer Zeit wird eine ähnliche Auffassung von Fuchs (2017) vertreten, der in der konstruktivistischen Weltsicht die Weltsicht von Schizophrenen ausmacht: „Hier kommt es besonders zu Beginn akuter Psychosen häufig zu einer radikalen und verstörenden Subjektivierung der Wahrnehmung, so daß die Patienten nur noch *Bilder von Dingen* sehen statt die Bilder selbst" (Fuchs 2017, S. 85, u.H.).

eine unaufhörliche Bewegung setzen", so beginnt Schelers nachgelassene Schrift „Ordo amoris" (Scheler 1986, S. 347). Scheler betrachtet Deutungsmuster, wie oben ausgeführt, als Quelle der Täuschung. In seiner o. a. Schrift weist er u. a. neben den bereits erwähnten Täuschungsrichtungen auf folgende täuschende Eigenschaften von Deutungsmustern hin:

- die Verwendung der Kategorien von Raum und Zeit zur Beschreibung des Erlebens, auch des Erlebens kommunikativer Ereignisse, führt zu einer irreführenden Metaphorisierung des Erlebens,
- die sprachliche Gefasstheit von Deutungsmustern reglementiert die mögliche Fülle des ausdrückbaren Erlebens im Sinne der Präferierung sprachlich ausdrückbarer Erlebensaspekte,
- Motivzuschreibungen unterliegen einer Präferenz für moralisch höherwertige Motive (Verdecken von Interessen) und reduzieren generell die Komplexität einer Handlung in Richtung sozialer Erwünschtheit (Klemm 2010),
- die Haltung, Ereignisse durch die Deutungsfolie von Nützlichkeit/Schädlichkeit wahrzunehmen, reguliert, „was überhaupt von den Erlebnissen in das Feld der inneren Wahrnehmung gerät" (Scheler 1955, S. 277),
- Deutungsmuster des eigenen Ich sind durch eine „Vorzugslage" bestimmt: „Was den positiven und negativen Wertkategorien (einer) Gemeinschaft in uns und an uns entspricht und den für uns gewichtigsten Mitgliedern derselben, hat von vornherein eine *Vorzugslage,* auch von uns selbst beachtet zu werden" (Scheler 1955, S. 287). Damit ist das aus der Forschung zu interkultureller Kommunikation wohl bekannte Phänomen gemeint, die Deutungsmuster der in-group nicht für Deutungsmuster, sondern für allgemeinverbindliche Vernunftgrundlagen zu halten (eine luzide Analyse des westlichen, pragmatisch-bürgerlichen Selbstverständnisses von Nützlichkeitserwägungen als eines in diesem Sinne bevorzugten kulturellen Kodes finden wir bei Sahlins (1981)).

Revisionen

In diesem Kapitel nutzen wir die bisher angestellten Überlegungen zu Revisionen vorliegender Interpretationen interaktiver Phänomene in der kommunikationswissenschaftlichen Forschung. Wir wählen dazu zwei prominente Beispiele:

- das Konzept „Kommunikationsmacht" zur Analyse von Machtbeziehungen, weil dieses Konzept ausweislich seines Autors „[…] maßgeblich dazu beigetragen [hat], die seit Jahren laufende Diskussion um die ‚kommunikative Konstruktion' von Wirklichkeit zu bündeln" (Reichertz 2021, S. 289). (Abschn. 6.1)
- die Studien zum „Sprecherwechsel" als paradigmatischer Ausgangspunkt und zentrales Untersuchungsfeld konversationsanalytischen Arbeitens. (Abschn. 6.2)

Wir wollen zeigen, dass diese Phänomene in ihrer bisherigen theoretischen Rahmung fehlbestimmt wurden und in einer Betrachtungsweise des kommunikativen Realismus angemessener gefasst werden können.

6.1 „Kommunikationsmacht" revisited

In seiner Studie „Kommunikationsmacht" bemüht sich Reichertz (2009) um eine Bestimmung des Phänomens Macht in Kommunikation auf der Grundlage eines sozial-konstruktivistischen Ansatzes, des Ansatzes des kommunikativen Konstruktivismus. Wie in den einführenden Bemerkungen schon skizziert, sind die Genese von Macht und die Durchsetzung erwarteten Verhaltens qua Macht in sozialen Situationen für sinngenerative Kommunikationstheorien eine besondere Herausforderung. Sie sind aber auch eine Chance, nämlich dann, wenn gezeigt

© Der/die Autor(en), exklusiv lizenziert an Springer Fachmedien Wiesbaden GmbH, ein Teil von Springer Nature 2022
W. Pfab und M. Klemm, *Einführung in die Theorie des Kommunikativen Realismus,* https://doi.org/10.1007/978-3-658-37776-2_6

werden kann, wie die Annahme v. a. sprachlicher Anweisungen (performative Akte) oder auch die Übernahme vorgetragener Argumente sich situativ konkret gelingend vollziehen. In diesem Kontext können Kommunikationstheorien über unterstellte Annahmen über den stummen Zwang der Verhältnisse hinausgehen und ebenso zeigen, wie Macht ohne direkten Zwang produktiv wird.[1] Geklärt werden muss also, wie symbolisches Handeln (oft, aber nicht nur: Sprechen) ohne direkten Zwang – denn dann wäre es kein Fall von Macht – Folgebereitschaft hervorrufen kann.

Reichertz folgt in seiner kritischen Zurückweisung älterer Erklärungsansätze zunächst zumindest implizit der Spur der Problematisierung bestehender linguistischer Lösungsvorschläge, wie Bourdieu sie in seiner Sprachsoziologie vorgelegt hat (s. Bourdieu 2017). Er setzt sich daher kritisch mit unterschiedlichen Konzeptionen der Bestimmung von Macht auseinander (Sprache und Sprechen als Quelle der Macht, personale Qualitäten (Charisma, Status)), um diesen Konzeptionen den Gedanken gegenüberzustellen, Macht aus dem Beziehungsverhältnis der Beteiligten heraus zu bestimmen.[2]

Uns geht es an dieser Stelle darum, zu zeigen, wie Reichertz mit der Vorstellung, Macht auf konkrete Merkmale des kommunikativen Handelns zurückzuführen („Sprache und Sprechen als Quelle der Macht", Reichertz 2009, S. 202 ff.), umgeht. Er setzt sich in diesem Zusammenhang mit drei verschiedenen Konzepten auseinander: der Vorstellung einer magischen Wirkung des Sprechens, der Rhetorik und dem Konzept der illocutionary force.

Reichertz kritisiert sprachmagische Vorstellungen auf der Grundlage eines evolutionistischen Konzepts: Solchen Vorstellungen habe man früher angehangen, heute jedoch „[...] finden sich zwar im (westlichen) Alltag Reste dieser magischen Sicht, ernsthaft glaubt jedoch (in westlichen Wissenschaftskulturen) niemand mehr an die magische Macht des Wortes, also auch nicht mehr an die magische Macht der Kommunikation" (Reichertz 2009, S. 203)

Zwar räumt Reichertz ein, dass „Kommunikatives Handeln [...] durchaus ‚magische Macht' entfalten" könne (Reichertz 2009, S. 204). Er erklärt diese

---

[1] Eine konzise Analyse der diskursiven Machttechniken bei Foucault, der reflexiven Kanalisierung sprachlicher Macht durch den vorgeblich zwangslosen Zwang der Argumente bei Habermas sowie der symbiotischen Koppelung von Macht und Gewalt bei Luhmann findet sich bei Srubar (2006).

[2] Reichertz Ausführungen zum Thema in Reichertz (2013) sind mit diesem Text textidentisch.

Wirkung dann aber – konstruktivistisch – als Ergebnis eines „gesellschaftlich zugestanden[en] und zugeschrieben[en]" Prozesses.[3]

Reichertz Kritik an *rhetorischen* Vorstellungen der Macht des Wortes reduziert sich letztlich darauf, dass ein Übermaß im Einsatz rhetorischer Mittel zu Unglaubwürdigkeit und Spott führen könne (Reichertz 2009, S. 208). Dieses Verständnis von Rhetorik ist allerdings immanent und sieht den gesellschaftlichern Status von Rhetorik nicht. Rhetorik ist nach Bourdieu wiederum ein Element eines spezifischen Stils der Kommunikation, die als offizielle Sprache besonderen Profit abzuwerfen vermag. Die Überzeugungskraft rhetorischer Mittel ist demnach als Resultat des literarischen Feldes zu sehen und der Prämierung spezifischer Kompetenzen, die als die überlegenen angesehen werden (vgl. Bourdieu 2017).

Das dritte Konzept (nach Sprachmagie und Rhetorik), das Reichertz heranzieht, ist das Konzept der „illocutionary force" bei Austin. Reichertz stellt in seinem Resümé der Debatte um dieses Konzept fest, dass „[...] illocutionary force [...] in sozialen Prozessen der Handlungssteuerung fundiert (ist)" (Reichertz 2009, S. 210).

Reichertz beruft sich auf die Sprachphilosophie Brandoms. Dieser zufolge steckt die Bindungswirkung sprachlicher Ausdrücke sowohl in der Selbstbindung (ich halte mein Wort) als auch in der Folgebereitschaft (zu tun, was einem gesagt wird) in einem Netz von Verpflichtungen zur Aufrichtigkeit, das durch das Miteinandersprechen gesponnen wird. Dieses Netzwerk ist so entwickelt wie ein Markt des Gebens und Nehmens von Gründen, der durch ein Notenbanksystem gestützt wird:[4] Ein sprachlich geäußerter Ausdruck erscheint als ein ausgestellter Wechsel, eine Schuldverschreibung auf Richtigkeit und Zuverlässigkeit, die zukünftig fällig wird. Im Wissen um die Verpflichtung, die ich mit dem, was ich sage, eingehe (dass ich also meine was ich sage), werde ich also so sprechen, dass ich auch zukünftig als kreditwürdig und verlässlich erscheinen werde. Hierbei entsteht ein System der Kreditwürdigkeit von Akteuren in einem System

---

[3] Bekanntlich hatte auch Bourdieu die magische Wirkung sprachlichen Handelns beschrieben und auf Herrschaftsverhältnisse zurückbezogen, die die entsprechenden Situationen (etwa die Eröffnung einer Sitzung durch die Sitzungsleitung) institutionell vorstrukturieren. Die Macht des sprachlichen Ausdrucks war nach Bourdieu ein Effekt der kollektiv errichteten Autorität.

[4] Brandom schreibt selbst: „Insbesondere stelle ich mir die diskursive Praxis als deontische Kontoführung *[deontic scorekeeping]* vor: Die Signifikanz eines Sprechakts besteht darin, wie er Änderungen betreffend die Festlegungen und Berechtigungen herbeiführt, die man zuweist und die man anerkennt" (Brandom 2001, S. 107, H. i. Orig.)

der wechselseitig zugestandenen Identitäten als vollwertige Gemeinschaftsmit-
glieder.[5] Aus diesem System der Beziehungen heraus ergibt sich dann die Macht
der Kommunikation, die auf der gemeinsamen Etablierung eines sozialen Raumes
aufruht und auf die Anerkennung der Beteiligten zählen kann (Reichertz 2009,
S. 235 f.).

Nun ließe sich zu dieser vertragstheoretisch anmutenden retrospektiven Rationalisierung der Machtgeltung als freiwilliger und durchaus eigeninteressierter
Zustimmung einiges anmerken. Dass z. B. magische Macht situativ entfaltet werden kann, auch ohne zugestanden und zugeschrieben zu sein, ja, dass genau dieses
eine wesentliche Quelle der Macht sein könnte, kommt Reichertz nicht in den
Sinn. Dass Rhetorik, die im Übermaß eingesetzt wird, sich lächerlich macht, setzt
natürlich die Idee der prinzipiellen Wirksamkeit rhetorischer Mittel gerade voraus
und hebelt damit die Kritik selbst aus. Dass Sprechen aus kommunikationswis-
senschaftlicher Sicht stets als Moment sozialer Prozesse der Handlungssteuerung
betrachtet wird, ist selbstverständlich. Dass es aber Konventionen und damit
verbundene Handlungs- und Begründungsnormen sind, die diese Prozesse bestimmen, ist eine unzulässige Reduktion in der Betrachtung der Entfaltung von Macht
auf die Ebene rationaler Aushandlung[6] kommunikativen Geschehens, die andere
Ebenen unberücksichtigt lässt. Dieser Begründungszusammenhang kann geradezu
umgekehrt werden. Dies tut etwa Agamben in seiner Untersuchung zum Sakrament der Sprache (Agamben 2010). Die Bindung und Selbstbindung *im* Sprechakt
bilden dort die anthropogenetische Grundlage der Bildung von Konventionen und
Institutionen, und die Beiläufigkeit der ontogenetischen Aneignung der Verbind-
lichkeit von Aussagen, die erst im späteren (Jugendlichen-)Alter *grundsätzlich
brüchig* wird (s. Helmer 1971), legen nahe, dass hier, im fühlenden Mitvollzug
solcher Situationen, die Grundlage der Akzeptanz von Konventionen liegt, nicht
in den Konventionen selbst.

Insgesamt lässt sich somit die Auseinandersetzung des Autors Reichertz gegen
dessen bewusste Absicht als unfreiwillige Argumentation *für* die Geltung der
Vorstellung einer unmittelbar erfolgenden Wirkmächtigkeit kommunikativen Handelns aufgrund von Merkmalen der Situation selbst lesen, die weder in den

---

[5] Vgl. zur Wirkmächtigkeit dieser Gedankenfigur auch Abschn. 8.2.

[6] Die im Sozialkonstruktivismus häufig anzutreffende Redeweise von der „Aushandlung"
von Bedeutung bedürfte einer eigenen Untersuchung. Wir kommen unter Abschn. 8.2 darauf zurück. Hier wird eine vortheoretische Entscheidung in die Theorie sozialer Sinngenese
eingeschmuggelt, die, wohlwollend gelesen, einen naturalistischen Fehlschluss enthält, insofern es freilich schön wäre, wenn Bedeutungen unter den Beteiligten möglichst symmetrisch
ausgehandelt werden würden. Kritisch betrachtet handelt es sich dabei um Zynismus.

Absichten der Beteiligten noch in deren vorauslaufender Anerkennung und Legitimation der Machtbeziehung verankert sind. Reichertz selbst kann aufgrund seiner konstruktivistischen Fixierung auf Gesichtspunkte der Geltung, der Konvention, der Verantwortung, etc. diese materialen Merkmale von Kommunikation (Sprechklang, Tonfall, Blick, Gestik, Körperhaltung, Bewegung) nicht in den Blick nehmen, weil er sie theoretisch ausgeschlossen hat. Sie liegen auf der Ebene präsymbolischen, unmittelbaren Erlebens und Fühlens. Diese Ebene zu berücksichtigen erscheint ihm als Glaube an Magie. Bourdieu war hier freilich vollkommen konträrer Ansicht:

> „Alles deutet darauf hin, dass die für die Konstruktion des Habitus entscheidenden Anweisungen gar nicht über Sprache und Bewusstsein, sondern, unterschwellig und suggestiv, über scheinbar ganz bedeutungslose Aspekte der Vorgänge, Situationen oder Praktiken des Alltagslebens vermittelt werden: Die Begleitumstände dieser Praktiken, die Art und Weise, wie jemand blickt, sich verhält, schweigt oder auch redet (ob er nämlich „missbilligend blickt", etwas in „vorwurfsvollem Ton" oder mit „vorwurfsvoller Miene" sagt usw.), sind aufgeladen mit Anordnungen, die nur deshalb beherrschend werden […] weil sie stumm und unterschwellig, nachdrücklich und eindrücklich sind" (Bourdieu 2017, S. 127).

Die Bedeutung von Verantwortlichkeit, Verpflichtung, des Habens einer Identität usw. wird praktisch erfahren, bevor sie in irgendeiner Form begründet, reflektiert und dann „freiwillig" mitgetragen wird.

Wir wollen abschließend einer sozialkonstruktivistischen Erklärung, die die unterschwellige Bildung der Erfahrung von Macht als Ausdruck der vorgängigen Aushandlung von Wirklichkeit in sozialen Beziehungen deutet, eine Beschreibung gegenüberstellen, die wesentlich auf präsymbolische Momente unmittelbarer Wirksamkeit abhebt.

Es handelt sich um eine Situationsbeschreibung aus der Arbeitswelt aus einer Studie von Sofsky und Paris (1994). Es geht um einen Inspektionsgang eines Bereichsleiters in einer Werkhalle – den „Rundgang". Die Beschreibung von Sofsky und Paris macht deutlich, daß die gesamte Situation geradezu „bis zum Platzen" mit Macht ausgefüllt ist – und dabei kein einziges Wort gesprochen wird.

> „Regelmäßig vor den Arbeitspausen taucht der Bereichsleiter (B) in der Montagehalle auf, um seinen gewohnten Rundgang durch die Abteilung anzutreten. Schon von weitem sieht man seinen weißen Kittel, bedächtig, ohne jede Eile schiebt sich der untersetzte, etwa sechzigjährige Mann den Hauptgang entlang. […] Der Blick ist streng auf den Boden gerichtet, bleibt kurz an zwei Materialkisten hängen, schwenkt dann hinüber zum offenen, gut einsehbaren Feld der Vormontage, heftet sich schließlich an einen Bohrer rechts neben der Meisterkabine, der gebückt vor einem Regal

hockt und gerade seine Werkstücke ordnet. Etwas vorgebeugt verharrt (B) eine halbe Minute stumm hinter dem Mann, der, den prüfenden Blick im Nacken, unbeirrt in seinem Tun fortfährt. Aus der Ferne beobachten die Arbeiter die Szene. Es ist, als hielte jeder den Atem an, die halbe Minute ist eine halbe Ewigkeit. Endlich wendet sich (B) ab, rückt weiter vor bis zur Trennwand, hält dort kurz inne und überschaut das Terrain der Bohrer und Schleifer, biegt schließlich nach rechts ab und verläßt die Halle, ohne mit jemanden gesprochen zu haben" (Sofski und Paris 1994, S. 136 f.)[7]

Wäre es so, wie Reichertz die Genese von Kommunikationsmacht beschreibt, dann wäre das Erlebnis der Zeitdehnung, in der die Arbeiter gewissermaßen zugleich den Atem anhalten und so tun als wäre nichts, eine Art kollektiver Einbildung der an der Situation Teilnehmenden: die Einbildung eines gebrochenen Stabes im Wasser, der in Wirklichkeit ganz ist. Die Einbildung rührte daher, dass die in der Situation angespannten Arbeiter fälschlich ihre selbsterzeugten Gefühle der Situation – oder der Person des Bereichsleiters – zuschreiben. „In Wirklichkeit" handelten sie so in Übereinstimmung ihrer im Voraus ausgehandelten sozialen Beziehung zum Vorarbeiter. Kurz: Sie konstruierten die Wirklichkeit ihrer Furcht selber.

Man kann zwar so argumentieren und anbieten, die Arbeiter über ihre selbst verschuldete Angst aufzuklären. Genauso naheliegend wäre es jedoch, bei dem Phänomen der gespürten Atmosphäre von Macht und Autorität selber anzusetzen.

Versteht man Macht nicht in der etwas angestaubten Fassung einer Asymmetrisierung von sozialen Beziehungen, sondern dem aktuellen Diskurs gemäß im situativen Vermögen, eine Situationsdefinition durchzusetzen (vgl. Srubar 2006), so zeigen Sofsky und Paris genau diesen fokussierenden Umschwung der Situationsdefinition durch das Erscheinen und den *Bewegungsausdruck,* den das, was der Meister tut, für seine Mitarbeiter unmittelbar hat und den diese mitvollziehen. Genauso und deshalb wirkt der Rundgang furchteinflößend, und er wirkt so aufgrund der konkreten und unausgesprochenen gemeinsamen Vorerfahrung bei diesem und vermutlich in dieser Form nur bei diesem Vorarbeiter. Dass es

---

[7] In dieser Situation haben offensichtlich Blicke eine magische Macht – eine Eigenschaft, die auch schon Kafka, den Canetti einst als größten Experten der Dichter in Puncto Macht gewürdigt hatte, beim Blicken beobachtet hatte, z. B. in seinem Fragment „[9] Es war der erste Spatenstich":

„Man schämt sich zu sagen, womit der kaiserliche Oberst unser Bergstädtchen beherrscht. Seine wenigen Soldaten wären, wenn wir wollten, gleich entwaffnet. Hilfe für ihn käme, selbst wenn er sie rufen könnte – aber wie könnte er das? – tage-, ja wochenlang nicht. Er ist völlig auf unseren Gehorsam angewiesen, sucht ihn aber weder durch Tyrannei zu erzwingen, noch durch Herzlichkeit zu erschmeicheln. Warum dulden wir also seine verhasste Regierung? Es ist zweifellos: nur seines Blickes wegen" (Kafka 1992, S. 278).

sich, wie Bourdieu sagen würde, um eine „Respektsperson" handeln muss, die den Rundgang macht, ist wesentlich. Ein Lehrling, würde, würde er oder sie ähnlich bedächtig durch die Halle streifen, sicherlich eher lächerlich wirken und vielleicht sogar gemaßregelt werden. Zur Situation gehört zweifellos ein Wissen um die Verteilung von Positionen und Autorität. Die Entfaltung der atmosphärischen Situation lässt sich jedoch nicht als eine Ableitung aus abstrakt subjektiv Gewusstem, aus vorab „ausgehandelten" Positionen oder aus der „Zuschreibung" von Autorität erklären – zumal dann nicht, wenn nicht gezeigt werden kann, *wie* Wissen, Aushandeln und Zuschreiben quasi mit einem Schlag jenes intensive Macht-Erleben hervorbringen, welches den Rundgang auszeichnet, der enaktiven Manifestation von Macht in Industriebetrieben klassischen Typs.[8]

Nebenbei bemerkt erscheint uns ein analytischer Zugang, der manifeste Atmosphären der Furcht bzw. der Angst in Betrieben, in Verwaltungen, in Schulklassen und an anderen Orten, an denen Menschen viel Zeit miteinander verbringen müssen, auf vorgängige Aushandlungs- und Konstruktionsleistungen zurückführt, auch in normativer Hinsicht fragwürdig.

6.2 „turn taking" revisited

6.2.1 Eine aktuelle Bestimmung des Phänomens des Sprechwechsels

Untersuchungen zum sg. Sprecherwechsel bilden historisch den Ausgangspunkt des Forschungsprogramms der *conversational analysis* (im deutschen Sprachraum auch als Gesprächsanalyse oder Konversationsanalyse bezeichnet) und paradigmatisch die Blaupause entsprechender Untersuchungen.

---

[8] Die Beschreibungssituation trägt einen deutlichen Zeitkern. Nachvollziehen lässt sich das geschilderte Geschehen in dem Maße, in dem man an eine klassische Werkshalle oder Werkstatt denkt, die noch nicht die Form einer größtenteils automatisierten, sauberen Endfertigung angenommen hat, sondern in der mechanisch gearbeitet wird, in der es mitunter laut wird usw. Der historische Zeitkern findet sich aufbewahrt in den arbeits- und industriesoziologischen Studien, die im Zuge der Bemühungen um die Humanisierung der Arbeitswelt, aber auch um ihre Rationalisierung erarbeitet wurden. Zu diesen Arbeitsstätten gehörte auch eine Betriebs- und Führungskultur auf der Ebene der Werkstätten, der im oben zitierten Rundgang aufscheint. Der Sozialkonstruktivismus verpasst durch die Generalisierung der Aushandlung paradoxerweise gerade diese historische Form affektiv gefärbter Betriebskulturen mit ihren Kommunikationscodes und Verbalisierungsstrategien. Einen überzeugenden Abriss über den Wandel des betrieblichen Gefühlsmanagements in den USA gibt Illouz (2009).

Auer legt in seinem 2020 erschienenen Beitrag zum Sprecherwechsels die Grundlagen dieses Phänomens folgendermaßen fest:

„Gespräche entstehen durch das Zusammenwirken der Menschen, die an ihnen beteiligt sind. Sobald sie miteinander in fokussierte Interaktion treten, lassen sie sich auf ein System des kommunikativen Austauschs ein, das seinen eigenen Regelmäßigkeiten folgt. Gespräche sind *progressiv* […] sie schreiten im Normalfall wie ein Ping-Pong-Spiel voran – mal spricht die eine, mal der andere, und aufhören kann man nicht so einfach, denn jeder, dem der Ball zugespielt wird, wird ihn erst einmal auch zurückspielen. Die Sprecher wechseln sich überdies in der Regel schnell und mit schlafwandlerischer Sicherheit und Präzision ab, ohne dass zwischen ihren Beiträgen längere Lücken oder ausgedehnte Phasen des Simultansprechens entstünden. Sie tun dies (anders als in vielen institutionellen Interaktionen, etwa in der Schule) ohne Hilfe und Intervention eines Gesprächsleiters, und kein externes technisches System steuert sie dabei (etwa in der Art von Verkehrsampeln, die das Fahr- und Gehrecht an Kreuzungen regeln); vielmehr wird die Verteilung des Rederechts aus dem Gespräch selbst heraus (und als notwendiger Teil des Gesprächs), d. h. *endogen* organisiert.
Was hält dieses System am Laufen? Die Antwort der Konversationsanalyse ist, dass jedes Gespräch bestimmten Regeln des Sprecherwechsels *(turn taking)*, also der Zuweisung und Übernahme des Rederechts, folgt, die für diese Progressivität verantwortlich sind. Um das System des Sprecherwechsels zu verstehen, müssen zwei Fragen beantwortet werden:

1. An welchen Stellen im Redefluss des augenblicklichen Sprechers ist es möglich, dass ein anderer legitimerweise zu Wort kommt?
2. Wie regeln die Gesprächsteilnehmer untereinander, wer in größeren Konstellationen (mit mehr als zwei Teilnehmern) als nächstes ‚dran‘ ist?" (Auer 2020, S. 106).

An dieser Textpassage ist folgendes auffällig:

1. Es handelt sich um eine handlungstheoretische Bestimmung des Phänomens, nicht um eine interaktionstheoretische Bestimmung – als primär sind handelnde Menschen gesetzt, nicht die Interaktion: „Gespräche entstehen durch das Zusammenwirken der Menschen, die an ihnen beteiligt sind. […] Die Sprecher wechseln sich […] ab."
2. Es wird ein „Normalfall" von Gesprächen gesetzt, dem gegenüber bestimmte Weisen des Sprechens als abweichend bestimmt werden: „(anders als in vielen institutionellen Interaktionen, etwa in der Schule)".

3. Der Normalfall von Gesprächen wird mit einem Ping-Pong-Spiel verglichen –
   ein Vergleich, bei dem zum einen die komplexe Zeitlogik von Interaktion
   verkannt wird, wie sie etwa durch den Begriff der Erwartungs-Erwartung zu
   bestimmen versucht wird (Luhmann, z. B. 1987, S. 414)[9] und zum anderen verkannt wird, dass in Interaktion „das Zugleichsein Vorrang vor der
   Zeitfolge" hat (Ricoeur 2006, S. 197).[10]
4. Das Phänomen des Sprecherwechsels wird als durch Rechte, genauer Rede-
   rechte reguliert gedacht. Das Phänomen des Sprechwechsels wird auf einen
   Diskurs von Rechten, Regeln und Legitimationen bezogen und in diesem
   Diskurs entfaltet[11].
5. Dieser Bezug erfolgt implizit: „dass jedes Gespräch bestimmten Regeln des
   Sprecherwechsels *(turn taking), also* <u.H.> der Zuweisung und Übernahme
   des Rederechts, folgt".
6. Die Vorstellung, dass Rechte *verteilt* werden („die Verteilung des Rederechts"), ist mit dem Konzept von Rechten nicht kompatibel. Rechte ergeben
   sich aus Gesetzen und Verordnungen, die von Instanzen erlassen werden. Es
   ist nicht zu sehen, was dies in Hinblick auf soziale Interaktion sein soll.

---

[9] „Erwartungserwartungen veranlassen alle Teilnehmer, sich wechselseitig zeitübergreifende
und in diesem Sinne strukturelle Orientierungen zu unterstellen. Damit wird verhindert, daß
soziale Systeme in der Art bloßer Reaktionsketten gebildet werden, in denen ein Ereignis
mehr oder minder voraussehbar das nächste nach sich zieht. So ein System würde normaler-
weise schnell aus dem Ruder laufen; es wäre zumindest darauf angewiesen, alle Korrekturen
an bereits irreversibel gewordenen Ereignissen anzusetzen. Die Reflexivität des Erwartens
ermöglicht dagegen ein Korrigieren [...] auf der Ebene des Erwartens selbst. Das ist ein kaum
zu überschätzender Vorteil, denn Erwartungen geben den Strukturen einen revidierbaren
Inhalt" (Luhmann 1987, S. 414).

[10] Im Übrigen funktioniert diese Vorstellung von Ping-Pong auch deshalb nicht, weil sie
das Spiel Ping-Pong auf bestimmte Bewegungsmomente im Spiel reduziert und den Kontext
außer Acht lässt.

[11] Rechtliche, insbes. naturrechtliche Vorstellungen standen bereits zu Beginn der westlichen
Moderne (17. Jhdt.) bei der Entstehung von Vorstellungen zwischenmenschlicher Kommunikation mit der spezifischen Betonung von Wechselseitigkeit und der Bestimmung der Beteiligten als Vertragspartnern Pate; paradigmatisch diskutiert am Fall des Versprechens (vgl.
Campe 1990, S. 145 ff.). Zur politik-inipirierten Subjekt-Konzeption der Kommunikationswissenschaft vgl. auch im Anschluss an Taylor (1992) Nothdurft (2008); s. auch Abschn. 4.2,
6.1 und 8.2.

6.2.2 Vergegenwärtigung: Das ursprüngliche Problemfeld des Sprecherwechsels

Das Phänomen des Sprecherwechsels[12] gilt als ein wesentliches Untersuchungsfeld der Konversationsanalyse. Angestoßen wurde die Forschung durch einen Beitrag „A Simplest Systematics for the Organization of Turn Taking for Conversation" in der Zeitschrift „Language" aus dem Jahre 1974 (Sacks et al. 1974). Obwohl in einer linguistischen Fachzeitschrift erschienen,[13] waren die AutorInnen SoziologInnen aus dem Umfeld des Soziologen Harold Garfinkel. Und in der Tat verfolgten die AutorInnen in ihrer Studie *die* genuin soziologische Fragestellung nach der Herstellung sozialer Ordnung – genauer: in der Garfinkelschen Variante: wie Gesellschaftsmitglieder soziale Ordnung herstellen. In diesem Zusammenhang erschien der Sprecherwechsel als interessantes Phänomen. Soweit als Ordnungsproblem definiert, wurde es in einen Begriffsrahmen gefasst, der durch traditionell soziologisch-ordnungspolitische Konzepte bestimmt war: Recht, Regel und Legitimation. Erst innerhalb dieses Rahmens machen Formulierungen wie „Zuweisung und Übernahme des Rederechts" (Auer 2020, S. 106) einen Sinn – aber auch *nur* innerhalb dieses Rahmens.

Es ist durchaus denkbar, dass die AutorInnen sich im Stil ihrer Darstellung einer seinerzeitigen Begeisterung für die Darstellungsweise der Generativen Transformationsgrammatik angeschlossen hatten, die die Linguistik dominierte[14], und die Formulierung von Regeln und Rechten nicht wirklich ernst gemeint hatten. Wie dem auch sei – die gesamte Forschung zum Sprecherwechsel ist der mit diesem Text gesetzten Schreib- und Denktradition bis zum heutigen Tage gefolgt.

Dabei ist der analytisch-begriffliche Status der „Regeln" des Sprecherwechsels nicht klar: Wird Interaktionsbeteiligten unterstellt, dass sie in ihrem Handeln diesen Regeln folgen oder ist die Darstellung des Sprecherwechsels in „Regeln" ein

---

[12] Da es sich beim Ausdruck „Sprecherwechsel" um einen *terminus technicus* handelt, verzichten wir als eine Genderisierung als „Sprecherinnenwechsel".

[13] Gerüchten zufolge war der Beitrag zuvor von soziologischen Zeitschriften abgelehnt worden. Cicourel erinnert sich, dass „Sacks' Ideen und seine Dissertation [...] von der soziologischen Fakultät in Berkeley als eine ‚nicht akzeptable Soziologie' betrachtet wurden" (Cicourel 2012, S. 112) und dass Erving Goffman sich weigerte, Mitglied von Sacks' Promotionsausschuss zu werden (s. Cicourel 2012, S. 112).

[14] Dieser Auffassung ist auch Auer: „Eine gewisse Sympathie für die sich zu dieser Zeit ebenfalls etablierende Generative Grammatik und ihrer Idee als rekursivem Regelsystem, das Oberflächenstrukturen generiert und dadurch erklärt, schimmert zwischen den Zeilen durch: die von Sacks, Schegloff & Jefferson formulierten Regeln ‚generieren' Gespräche, so wie die Regeln der Phrasenstrukturgrammatik Chomskys Sätze ‚generieren'" (Auer 2020, S. 234).

analytisches Konstrukt und Hilfsmittel, „das zwischen mehreren Menschen koordiniertes soziales Handeln über die Regeln seiner Hervorbringung *analysierbar macht*" (Auer 2020, S. 234)?

Auer bleibt jedenfalls diesem reduktionistischen Modell des Sprecherwechsels verhaftet. Dies wird u. a. deutlich darin, wie er sich mit Einwänden, die gegen dieses Modell erhoben worden sind, auseinandersetzt – zum einen mit dem Einwand der Kulturspezifik des Modells (1) und zum anderen mit der Kritik an der Annahme egalitärer Sozialbeziehung zwischen den Beteiligten (2).

Zu (1)

Auer begreift Sprecherwechsel nicht als sozio-kulturelles Phänomen. Zwar weist er durchaus auf Literatur hin, die die sozio-kulturelle Einbindung thematisiert (vgl. Auer 2020, S. 165), beharrt aber dennoch auf der Formel „Es spricht immer nur einer" (Auer 2020, S. 167) als Grundmodell des Sprecherwechsels. Seine Argumentation für diesen Standpunkt ist bemerkenswert: „Es gibt offenbar keine Kultur, in der die Gespräch*normen* Simultansprechen oder Gesprächspausen zu maximieren verlangten" (Auer 2020, S. 167, u. H.) Zum einen verschiebt er die Frage nach einem angemessenen Konzept von Sprecherwechsel damit von der Frage der Empirie auf die Frage der Norm, und zum anderen operiert er mit einem eristischen Trick: Indem er eine – vermeintlich – absurde Alternative zu seinem Modell formuliert: „Es gibt offenbar keine Kultur, in der die Gesprächsnormen Simultansprechen oder Gesprächspausen zu maximieren verlangten" (Auer 2020, S. 167), suggeriert er im impliziten Umkehrschluss die Gültigkeit des von ihm propagierten Modells. Dass eine wesentlich differenziertere Betrachtung des Modells möglich wäre, wird so ausgeschlossen.

Dabei liegt mit der Studie von Karl Reisman schon aus den 70er Jahren[15] eine Arbeit vor, die die kulturelle Vielfalt des Redeübergangs („speech transition") und ihre kulturelle Kontextualisierung zeigt. Reisman hat bei Untersuchungen zu den Rede-Gewohnheiten („speech routines" (Reisman 1974, S. 111)) dörflicher Kommunikationsgemeinschaften in Antigua (West-Indien) festgestellt:

„Fundamentally there is no regular requirement for two or more voices not to be going at the same time. The start of a new voice is not in itself a signal for the voice speaking either to stop or to institute a process which will decide who is to have the floor. [...] There is no general norm against interruption" (Reisman 1974, S. 113). Bestandteil dieser Kommunikationsgewohnheit ist „[...] a kind of scanning process at work which listens with multiple attention and which ultimately determines which voices will prevail. The constant repetition of the same point is of relevance here. One ‚tends to hear' what is being said and if you miss

---

[15] Die Arbeit erschien (1974), also im gleichen Jahr wie die von Sacks et al.

it the first time it will probably be repeated" (Reisman 1974, S. 121). Auf einen musikalischen Ausdruck („contrapuntal") zurückgreifend charakterisiert Reisman den Charakter dieser Kommunikationskultur wie folgt: „[…] the lack of strong norms against interruption, the acceptance of two or more voices talking at the same time, the pattern of entry into conversation by knocking several times, and the personal expressive associations of speaking sometimes add up to give to certain conversations a truly contrapuntal air" (Reisman 1974, S. 124). Diese Interaktionsgewohnheiten „[…] are felt as ‚natural' ways of expression and communication by their users and in the ordinary social relations of village life" (Reisman 1974, S. 123).

Zu (2)

Auch in einer zweiten, kritischen Annahme folgt Auer dem Ansatz von Sacks et al. Um ihr Modell auf Regeln menschlichen Verhaltens reduzieren zu können, hatten die AutorInnen angenommen, dass Prozesse des Sprecherwechsels nicht durch soziale Merkmale der Beteiligten mitbeeinflusst werden. Auer räumt zwar ein, dass es institutionelle Regulierungen des Rederechts gibt, beharrt aber auch in diesem Punkt auf dem Primat des reduktionistischen Modells. Gelten andere Regeln, werden diese zu Abweichungen erklärt (s. o.). Das „[…] egalitäre Gespräch [ist] der unmarkierte Fall, auf den sich [der] Regelapparat bezieht und den er erklären soll" (Auer 2020, S. 168). Aber der Anspruch geht darüber hinaus: „Auf der Grundlage dieses egalitären Gesprächs (und relativ zu ihm) werden alle anderen beschrieben" (Auer 2020, S. 168). Auer bietet zwei Begründungen für „den Primat des egalitären Gesprächs" an: die eine nennt er „phylogenetisch", die andere „interaktionslogisch". In der phylogenetischen Begründung wird auf die Annahme rekurriert, dass sprachliche Interaktion unter Menschen evolutionär gesehen ursprünglich egalitär gewesen sei – eine Annahme, die Auer selbst skeptisch betrachtet. Was die als „interaktionslogisch" benannte Begründung angeht, so entpuppt sich diese als Aussage, „[…] dass es *beschreibungstechnisch einfacher* ist, die egalitäre Konversation als unmarkierten Fall zu setzen. Aus ihr *können* alle spezifischeren Einschränkungen *ohne große Probleme* analytisch entwickelt werden. *Dies ist einfacher,* als umgekehrt Fragen der Dominanz und Macht schon in das grundlegende Modell einzubauen" (Auer 2020, S. 168, u. H.). Die „interaktionslogische" Notwendigkeit erweist sich als forschungstechnische Bequemlichkeit.

Ideologiekritisch betrachtet handelt es sich um die akademische Reproduktion eines bestimmten (bürgerlichen) Konzepts von Sprechen und Hören mitsamt den damit einhergehenden, verschleierten, Machtstrukturen. Darüber hinaus ist das Modell von kultureller Ignoranz gekennzeichnet.

6.2.3 Reformulierung des Phänomens des Sprecherwechsels: Interaktionsübergänge

Was aus interaktionstheoretischer Sicht an dem Phänomen, dass als „Sprecherwechsel" benannt ist, interessiert, ist der Umstand, dass in diesem Phänomen der Interaktionsprozess an eine kritische Stelle gelangt: an den Übergang in *einer* Modalität des Geschehens – dem Sprechen – von einem oder einer Beteiligten zu anderen. Mit dem Ausdruck „Über*gang*" soll die gegenüber der Konversationsanalyse unterschiedene Betrachtungsweise verdeutlicht werden, in der von „Über*gabe*" die Rede ist. Über*gang* ist auf den Geschehensprozess bezogen – es ist ein interaktiver Begriff, während Über*gabe* auf einen Handelnden bezogen ist. „Kritisch" ist eine solche Stelle aus interaktionstheoretischer Sicht nicht deshalb, weil sich ein besonderes Ordnungsproblem stellen würde (das wäre die ordnungssoziologisch geprägte Sicht der Konversationsanalyse, s. Abschn. 6.2.2), sondern weil sich an diesen Stellen die Frage der Kontinuität des interaktiven Geschehens in besonderer Weise stellt. Die an solchen Stellen erfolgende stärkere verbale Beteiligung *anderer* Interaktionsbeteiligter ist – jedenfalls in vielen Fällen – mit einer Umakzentuierung des interaktiven Geschehens (einer thematischen Verschiebung, einer anderen Fokussierung, einer anderen Weise des Sprechens) verbunden.

Interaktionsbeteiligte tragen in vielfältiger Weise dazu bei, solche Übergänge im Sinne des Gesamtgeschehens stimmig zu gestalten; dies kann je nach soziokulturellem Kontext durch mehrstimmiges, simultanes Sprechen (im informellen Austausch), durch (ständige) Unterbrechungen (beim Streiten), durch restriktiven Sprecherwechsel (in Verhören) etc. erfolgen.

Es sei betont, dass an einer solchen Stelle des Übergangs in einer Modalität andere Modalitäten des interaktiven Geschehens von diesem Übergang unberührt bleiben können; bei einem Redeübergang von einem Beteiligten zu einem anderen z. B. der Blickkontakt aufrechterhalten bleibt (und durchaus für den Wechsel in Dienst genommen werden kann)[16] oder gemeinsame Arbeitsvollzüge kontinuierlich weitergeführt werden oder ein thematischer Strang weiterentwickelt wird oder ein Rhythmus des gemeinsamen Sprechens aufrechterhalten bleibt.

Das Phänomen des Sprecherwechsels ist aus interaktionstheoretischer Sicht nur aus dem multimodalen Gesamtzusammenhang des Interaktionsgeschehens zu betrachten. Von daher spielen Gesichtspunkte der Synchronisation des Geschehens, des Gespürs für Veränderungen und des Taktes, Kooperativität wie auch

---

[16] Vgl. z. B. das Phänomen des „deliberativen Wegblickens" (Heidtmann und Föh 2007).

Rivalität für die jeweilige Interaktionsbeteiligung eine wesentliche Rolle, also Gesichtspunkte, die auf der Ebene des unmittelbaren Erlebens angesiedelt sind.

Übergänge müssen darüber hinaus aus dem gesamten Interaktionskontext heraus, seiner institutionellen Rahmung, der entstandenen Stimmung und Atmosphäre, den Weisen der Beteiligung und der sich herausbildenden Interaktionsgeschichte verstanden werden.

Übergänge sind somit komplexe, multimodale Prozesse, in deren Verlauf – gleichsam als besonderer Moment – ein anderer Sprecher „das Wort ergreift". Dieser Moment kann aber nicht als singuläres Ereignis dieses Beteiligten verstanden werden, denn er kommt unter Beteiligung aller Anwesenden zustande. Es ist eine interaktive Leistung, an der alle – Beteiligte wie Publikum – durch Gestik, Haltung, (aufmunternden) Blickkontakt, durch nicht-selbst-sprechen etc. beteiligt sind.

Exemplarisch kann diese Sichtweise auf Interaktionsübergänge an einer Passage einer Mehr-Personen-Interaktion verdeutlicht werden. Es handelt sich um eine Interaktion im Rahmen einer Zukunftswerkstatt zum Thema Hilfebedarf. Die Moderatorin hatte gerade begonnen, mit den Teilnehmerinnen Gesichtspunkte eines „guten Lebens" zu sammeln und stellt die Frage: *was fällt ihnen denn NOCH ein; = = was ist äh: schwierig; was macht es SCHWER (-) ein gutes leben zu führen für sie.* Eine Teilnehmerin signalisiert darauf hin durch ein Ankündigungssignal und durch deutliches Luftholen, dass sie etwas sagen möchte. Es folgt jedoch kein Redebeitrag, sondern eine Sprechpause, die 12 Sekunden anhalten wird, in der aber vieles geschieht. Die anderen Teilnehmerinnen blicken die Sprecherin aufmunternd an, sie sind ihr zugewandt, einige machen eine einladende Geste. Dieses nicht-sprachliche, aber hoch kommunikative Verhalten der anderen Teilnehmerinnen ist entscheidend. Diese „tragen" die Teilnehmerin gleichsam durch ihr Verhalten zu ihrem dann erfolgenden Redebeitrag: *also: i/ich finds SCHAde dass ich nicht mehr mit (.) meinem <NAME_EHEMANN> zusammen wohn_wohnen KANN.*

Aus interaktionstheoretischer Sicht interessiert die Frage, in welcher Weise das interaktive Geschehen auf der Modalitätsebene des Sprechens in Momenten des Übergangs weitergeführt wird. In diesem Zusammenhang *kann* die Frage von beanspruchten Ressourcen, z. B. in Gestalt beanspruchter „Rechte" relevant werden – allerdings nur dann, wenn Fragen des Status der Beteiligten relevant gesetzt sind oder im Interaktionsverlauf relevant gesetzt werden, z. B. in Situationen des Streitens oder in hierarchisch stark geprägten Situationen. Keineswegs aber ist dies in allen Interaktionssituationen der Fall.

Die bereits erwähnte Studie von Karl Reisman kann als exemplarische Umsetzung eines solchen Programms der Untersuchung von Interaktionsübergängen betrachtet werden.

Reisman beobachtete bei seinen Studien dörflicher informeller Interaktion auf Antigua („speech pattern of village life") kommunikative Charakteristika, die sich sehr deutlich von solchen einiger westlich geprägter Kommunikationsformate unterscheiden. Darin liegt der Verdienst seiner Studie in kulturvergleichender Hinsicht.

Der weitere Verdienst liegt darin, dass er kommunikative Routinen des Redeübergangs („speech transition", Reisman 1974, S. 113) auf zentrale Gesichtspunkte der soziokulturellen Organisation dieser Kommunikationsgemeinschaft bezieht. Zwei dieser Gesichtspunkte prägen die Weise, in der Mitglieder dieser Gemeinschaft an sozialer Interaktion beteiligt sind: „underlying notions about expression and about the way people relate or should relate to each other" (Reisman 1974, S. 124), d. h. zum einen eine spezifische kulturelle Codierung dessen, was es bedeutet, zu sprechen, und zum anderen eine spezifische kulturelle Codierung eigener Präsenz in Interaktion.

Die erste Codierung besagt, dass Sprechen primär als durch innere Impulse veranlasst betrachtet wird:

„First, one very general thing we can say is that if there is no sense of interruption, or need to fit carefully into an ongoing pattern of conversation, or need to stop if somebody else speaks, then the impulse to speak is not cued by the external situation but comes from within the speaker. These conventions treat the act of speaking, I would say, as primarily the expression, assertion, or proclamation of the speaker and/or his feelings – or his interests" (Reisman 1974, S. 115).

Dem korrespondiert ein spezifisches Taktgefühl: „A very beautiful and subtle attention to the feelings of others is a marked feature of West Indian tact" (Reisman 1974, S. 115).

Die Codierung eigener Präsenz in Interaktion besagt, dass diese in einer intensivierten Weise des „Auftritts", des Sich-in-Szene-Setzens zu erfolgen hat, einer „dramatization of oneself to others": […] speech is organized as a form of assertion. […] to enter a conversation one must assert one's presence rather than participate in something formalized as an exchange" (Reisman 1974, S. 115)[17].

Die gängige Vorstellung von „Sprecherwechsel" beruht auf zwei irreführenden Vorstellungen: der Reduzierung vo Interaktion auf „Sprechen" und der Fassung

---

[17] Entsprechend ist „boasting" ein bedeutsames Kommunikationsformat in dieser Kommunikationsgemeinschaft (Reisman 1974, S. 117 ff.).

des Phänomens in einem System von Regeln. Interaktionsphänomene, die konversationsanalytisch als „Sprecherwechsel" bezeichnet werden, erweisen sich aus interaktionstheoretischer Perspektive vielmehr als besondere Momente des Übergangs der Interaktionsbeteiligung in der Modalität des Sprechens. Die Gestaltung solcher Übergänge erfolgt zum einen stimmig zum jeweiligen Interaktionskontext. Diese Stimmigkeit ist eine Frage des Gespürs und des Taktes der Beteiligten. Die Gestaltung ist zweitens bezogen auf zentrale Orientierungspunkte der als relevant gesetzten Kommunikationskultur.

‚Interaktionsgeschichte' als methodischer Ansatz zur komplexen Erfassung des Interaktionsgeschehens

In diesem Kapitel erörtern wir einen Vorschlag für eine Methodik zur Annäherung an interaktive Wirklichkeit und eine entsprechende Darstellungsweise. Der Anspruch ist, einen Ansatz zu entwickeln, der – um Gehlens schöne Formulierung zu verwenden – der interaktiven Wirklichkeit „[…] gewachsen ist" (Gehlen 1993, S. 119). Es geht „[…] um eine Beschreibung empirischer Realität, in der Genauigkeit und Vollständigkeit der Beobachtung und die Plastizität des Ausdrucks so hohen Grad erreichen, daß eben diese Realität *mit-geteilt* und *wieder-gegeben* scheint, und zwar sie selbst und nicht nur die Nachricht von ihr." (Plessen 1981, S. 17). Wir verstehen unseren Vorschlag als methodische Fundierung phänomenologischer Beschreibung interaktiver Wirklichkeit und schließen uns damit Merleau-Pontys Plädoyer für eine *Beschreibung* von Wirklichkeit an: „Es gilt zu beschreiben, nicht zu analysieren und zu erklären" (Merleau-Ponty 1966, S. 4).

Zunächst werden in Abschn. 7.1 auf der Grundlage der bisherigen Ausführungen und der Hinzunahme weiterer Befunde Charakteristika sozialer Interaktion zusammengestellt. Danach setzen wir uns in Abschn. 7.2 mit dem derzeit in der Interaktionsforschung vorherrschenden Konzept empirischer Forschung, der Gesprächs- bzw. Konversationsanalyse auseinander. Wir werden zeigen, dass dieses Konzept der Komplexität und Eigenlogik interaktiver Wirklichkeit nicht gerecht wird und dass sich der Anspruch, mit Ton- bzw. Videoaufnahme und Transkript einen privilegierten Zugang zu interaktiver Wirklichkeit zu besitzen, als verfehlt herausstellen wird. In Abschn. 7.3 stellen wir unser Konzept von *Interaktionsgeschichte* vor. Das hier vorgeschlagene Vorgehen einer Interaktionsgeschichte versteht sich in der Tradition der Abfassung komplexer Fallgeschichten in den Sozialwissenschaften (Abschn. 7.4). Das methodische Format der Fallgeschichte ermöglicht eine Darstellung interaktiven Geschehens, die die aufgeführten Gesichtspunkte sozialer Interaktion in ihrer Tiefe und Verschränkung

W. Pfab und M. Klemm, *Einführung in die Theorie des Kommunikativen Realismus*, https://doi.org/10.1007/978-3-658-37776-2_7

und gemäß der jeweiligen Eigenlogik zu erfassen vermag. Fallgeschichten haben erwiesenermaßen literarische Qualität. Diese Qualität ermöglicht es, die wesentlichen Aspekte sozialer Interaktion in ihrer Komplexität besonders angemessen zu erfassen.

Wie es in Geschichten bzw. Fall-Geschichten in anderen Sozialwissenschaften der Fall ist, soll in den vorgesehenen Interaktionsgeschichten bewusst mit Möglichkeiten der sprachlichen Ausgestaltung operiert werden, um die angeführten Merkmale sozialer Interaktion angemessen darzustellen. Aufgrund des reichen narrativen Repertoires an sprachlichen Mitteln (direkte Rede, erlebte Rede, erzählerische Vor- und Rückgriffe, Fragen, etc.) können in Interaktionsgeschichten die unterschiedlichen Aspekte von Interaktion (kommunikative Charakteristika, Emotionen, *tacit knowledge,* etc.) evidenz-unterstützt in ihrer natürlichen, d. h. sinnhaften und sinnlosen, Verschränkung miteinander verbunden und so dargestellt werden (Abschn. 7.5).

7.1   Charakteristika sozialer Interaktion

In diesem Abschnitt nehmen wir eine Charakterisierung sozialer Interaktion vor. Diese Charakterisierung beruht auf den bisher dargestellten Überlegungen und Befunden und wird durch Ergebnisse weiterer interaktionsbezogener Forschungsansätze ergänzt, insbes. solche der intersubjektiven Psychoanalyse (Stern 2004), sowie durch Beiträge der Wissenssoziologie (Soeffner 1989), der interaktionalen Linguistik (Imo und Lanwer 2019) und der Ethnographie des Sprechens, z. B. Bauman und Briggs (1990). Diese Charakterisierung ist aufgrund der Heterogenität der verschiedenen Aspekte sowie der Probleme des jeweiligen empirischen Vorgehens (s. u. Abschn. 7.2) eine nur vorläufige. Die Beiträge, auf die wir uns beziehen, haben für uns den Charakter von *Hinweisen*[1] – nicht mehr, aber auch nicht weniger. Das heißt, wir zweifeln aufgrund der methodischen Voreingenommenheit der Ansätze den Tatsachen-Charakter der Befunde an. „Damit soll nicht geleugnet werden, dass die […] Untersuchungen mancherlei aufgedeckt haben, das für die Betrachtung des Wirklichen von Bedeutung ist, aber dies wesentlich nur durch Hinweise, eigentlich niemals durch direkte Förderung des Verständnisses […]" (Goldstein 2014, S. 304). Die Charakterisierung dient uns als Ausgangspunkt unserer Reflexion, aus der sich dann unser methodischer

---

[1] Wir übernehmen mit dem Begriff des *Hinweises* eine Argumentationsfigur, die Goldstein (2014, 304 f.) in seiner kritischen Auseinandersetzung mit der Reflextheorie entwickelt hat.

Vorschlag entwickelt. Zu welchen Ergebnissen dieser dann führen wird, ist eine offene Frage.

In diesem Sinne halten wir folgende Hinweise auf Charakteristika sozialer Interaktion für wesentlich[2]:

- Beitragsverschränkung/Beteiligungsverschränkung
- Unmittelbarkeit des interaktiven Geschehens
- Interaktionsdynamik
- Soziokulturelle Schemata und Konstruktionen
- Interaktive Paradoxien und Antinomien
- Mehrfachdeterminiertheit des interaktiven Geschehens
- Perspektivenverschränkung
- Flüchtigkeit des interaktiven Geschehens
- Systemische Schließung.

Im Einzelnen:

Beitragsverschränkung/Beteiligungsverschränkung
Wie in Abschn. 4.2 gezeigt, erfasst die Vorstellung, dass einzelne Individuen durch ihr individuelles Handeln Interaktion konstituieren, zwar die Ebene subjektiver Reflexion über Interaktion, nicht aber die Ebene des unmittelbaren Geschehens in Interaktion selbst. Diese kommt vielmehr durch Beteiligungsmomente zustande, die zwar durch Handelnde ausgeführt werden, die ihren Charakter aber aus ihrer Verwobenheit mit dem unmittelbaren Geschehen erhalten. Das aus der Konversationsanalyse bekannte Prinzip des *recipient design* von Äußerungen ist in diesem Sinne zu verstehen, ebenso Arbeiten zu Synchronisation (Erickson 1988) und „matching" (Beebe und Lachmann 2004). Aus jeder Beitragsverschränkung emergiert eine je konkrete Interaktionsdynamik (s. u.), aus der sich Muster der Verstrickung, Eskalation, Verschmelzung, Flaute etc. bilden (s. o. Abschn. 4.2).

Eine Beschreibungsweise, die Beteiligung subjektbezogen segmentiert, d. h. ihren Ausgangspunkt bei der Zurechnung einzelner Äußerungen zu einzelnen Beteiligten bestimmt, nimmt stillschweigend eine spezifische Reflexionsebene sozialer Interaktion (s. o. 3.3) zum methodologischen Ausgangspunkt der Betrachtung und

---

[2] Wir formulieren die Charakteristika entsprechend unseren bisherigen Überlegungen strikt interaktionstheoretisch, auch wenn die Hinweise aus der Forschung, auf die wir uns beziehen, in subjekt- oder handlungstheoretischer Perspektive formuliert wurden.

Darstellung sozialer Interaktion. Sie verfehlt das Charakteristikum der Beitrags-verschränkung. Es gilt stattdessen, eine Darstellungsweise zu entwickeln, deren Ausgangspunkt das Moment dieser Verschränkung ist.

Unmittelbarkeit des interaktiven Geschehens
Für soziale Interaktion ist, wie in Abschn. 4.1 erläutert, das Moment der Unmittelbar-keit von entscheidender Bedeutung. Es stellt eine wesentliche Regulierungsinstanz für Erleben und Handeln der Interaktionsbeteiligten dar.

Eine Darstellungsweise, die das interaktive Geschehen durch die Angabe sozial typisierter Bedeutungen einzelner Geschehenssegmente bestimmt, kann die Qualität der Unmittelbarkeit nicht erfassen. Es muss darum gehen, die sinnliche Qualität des Geschehens in sozialer Interaktion zu erfassen und zu schildern. Es geht um Präsenz-Momente der Bedrohlichkeit, der Gespanntheit, der Gelöstheit, der Leichtigkeit, der Schwere, der Lähmung, des Frohsinns. Dies sind keine subjektiven Empfindungen, sondern Qualitäten des Geschehens selbst.

Interaktionsdynamik
Interaktion ist Geschehen in Bewegung. Die Beteiligung an Interaktion erfolgt wesentlich in der Weise der Improvisation. Interaktionsbeteiligte passen ihre Beiträge auf den verschiedenen Ebenen der Ausgestaltung (grammatisch, the-matisch, parasprachlich) den sich ständig verändernden Interaktionsbedingungen an (s. o. Abschn. 6.2). Die Improvisation ist rahmengeleitet. Wesentliche Rah-men und gleichzeitig Triebkräfte sind die Beziehungsverhältnisse der Beteiligten, Konkurrenz, Rivalität, Komplementarität, Steigerung, Lähmung, Verstrickung, Abgrenzung.

Während sich die Beziehungsverhältnisse in abstrakter Form als Verhältnisse vergleichsweise einfach bestimmen lassen, stellt die sprachliche Beschreibung der Interaktions*bewegung* eine besondere Herausforderung dar.

Soziokulturelle Schemata und Konstruktionen
Auf den Stellenwert von Konstruktionen als Deutungs- und Handlungsmustern waren wir schon in Abschn. 4.3 eingegangen. Für soziale Interaktion sind z. B. refle-xive Schleifen charakteristisch, in denen die Beteiligten sich während der Interaktion vergegenwärtigen, „was gerade läuft". Solche Vergegenwärtigungen erfolgen auf der Grundlage von Deutungskonstruktionen, Erfahrungsschemata und Stereotypen, die dem interaktiven Geschehen einen prädikativen Sinn verleihen. Das interak-tive Geschehen beruht in einem erheblichen Teil auf diesen. Zu ihnen gehören Handlungsmuster (beraten, besprechen, unterrichten, verhören, sich entschuldigen,

trösten, sich zieren etc.) und Deutungskonstruktionen (Dankbarkeit, Selbstbestimmung, Erfolg, Beteiligung, Ausrede, Unverschämtheit, Demütigung, Leistung etc.). Im Anschluss an Lefebvre (2008) kann bei der Bestimmung solcher Schemata und Konstruktionen unterschieden werden zwischen:

- der abstrakten Formulierung eines Schemas bzw. einer Konstruktion; „Es ist gleichsam der Plan für das Format – die Blaupause" (Pfab 2020b, 29);
- der interaktiven konkreten Praxis des Schemas bzw. der Konstruktion;
- dem gesellschaftlichen Mythos, der mit dem Schema bzw. der Konstruktion in einer Kommunikationsgemeinschaft verbunden ist, „[…] d. h. den Phantasien, Sehnsüchten, Verheißungen und Dämonisierungen, die mit diesem Muster verbunden sind" (W. Pfab 2021, 168 f.). In diesem Sinne schreibt auch Linke, dass:

> „[…] kommunikative Muster und eventuell auch ganze kommunikative Haushalte nicht nur an sachfunktional bestimmbare wiederkehrende kommunikative Aufgaben einer Gesellschaft gebunden [sind, sondern sie sind] auch durch unausgesprochene Werte und Einstellungen, durch nicht mehr funktionale Routinen, durch gesellschaftliche Glücks- wie Schreckphantasien, durch idealisierende Selbstzuschreibungen und durch sich nur langsam verändernde mentalitäre Dispositionen geprägt […]" (Linke 2008, S. 36).

Es wäre verfehlt, es bei einer interaktionstheoretischen Darstellung von Schemata und Konstruktionen etwa bei einer Konstruktion der „Blaupause" mit Belegstellen in einem Transkript bewenden zu lassen, wie dies in einer Vielzahl von Untersuchungen aus dem Bereich der linguistischen Pragmatik auf der Basis von gesellschaftlichen Zwecken der Fall ist – eine solche Darstellung wäre nicht mehr als eine Reproduktion einer gesellschaftlich vorherrschenden Konstruktion – und in diesem Sinne zum einen ideologisch und zum anderen banal. Eine interaktionstheoretische Darstellung müsste die Emergenz der Konstruktion im Interaktionsverlauf und aus diesem heraus zeigen sowie die „[…] gesellschaftliche[n] Glücks- wie Schreckphantasien" (Linke 2008, S. 36), die mit der Konstruktion verbunden sind[3], und die Rückbindung und Rückversicherung dieser Konstruktionen an gesellschaftliche Strukturen wie z. B. organisationale Hierarchien.

Paradoxien, Antinomien und Widersprüche
Soziale Interaktion ist aufgrund ihres gesellschaftlichen Charakters auch von Paradoxien und nicht-lösbaren Widersprüchen bestimmt. Prägnanter und sozial

---

[3] z. B. das Konzept des reflexiven Bezugs, vgl. Nothdurft (1998a).

elementarer Fall dieser Paradoxien ist das Anerkennungsparadox (vgl. Nothdurft 2007).

Darüber hinaus sind viele gesellschaftliche Muster durch eine paradoxe Grundstruktur bestimmt (vgl. W. Pfab 2021, Abschn. 8.5): Die Bedeutung paradoxer Strukturen für soziale Interaktion ist schon früh gesehen worden; „[…] besonders paradoxe Handlungsaufforderungen kommen in der Tat viel häufiger vor, als man zunächst annehmen würde" stellen Watzlawick et al. (2016, S. 179) bereits 1967 fest, in der Folge allerdings sind sie in der interaktionstheoretischen Forschung fast vollständig ignoriert worden (Ausnahmen in der intersubjektiven Psychoanalyse: Sander (1983), Zwiebel (2010)).

Mehrfachdeterminiertheit des interaktiven Geschehens
Das interaktive Geschehen hat auf der Ebene des Erlebens der Beteiligten den Status fragloser Gewissheit. Hier gilt die „Treue des Verstehens" (Nothdurft 2006, S. 36 f.). „Wir sind uns unserer Sache sicher" formulierte Straus (1978, S. 128 f.). Hirschauer schreibt von „[…] intuitiv verstandenen Zusammenhängen" (2001, S. 443, Fn 25), Sacks von „[…] gedankenloser Leichtigkeit" (1997, S. 375). Das Geschehen auf dieser Ebene in wissenschaftlicher Deskription zu erfassen, ist eine höchst anspruchsvolle Herausforderung (vgl. auch W. Pfab 2021). Äußerungen in sozialer Interaktion haben vielfache Funktionen in verschiedenen Kontexten gleichzeitig.[4] Dies verbietet eindimensionale Bedeutungszuschreibungen. Grundsätzlich gilt das Prinzip der Mehrfachdeterminiertheit bzw. Überdeterminiertheit. Es kann nicht darum gehen, *die* Bedeutung des Geschehens zu bestimmen, sondern die Bedeutungsreichhaltigkeit des Geschehens heraus zu arbeiten, wobei die Plausibilität der eingenommenen Perspektive ein wesentliches Akzeptanzkriterium ist. Zu solchen plausiblen Perspektiven gehören:

- eine handlungstheoretische Perspektive, in der das Geschehen in sozio-kulturell typisierte Aktivitätssegmente gegliedert wird (Äußerungen, Handlungen), denen eine sozio-kulturell präferierte Bedeutung zugeschrieben wird (Konstruktionen),
- eine interaktionskontextuelle Perspektive, in der das Zustandekommen der Bedeutung von Handlungen bzw. Äußerungen im Interaktionsverlauf beschrieben wird (vgl. z.B. Nothdurft 1998a),

---

[4] Es ist bezeichnend, dass der Ansatz von Labov und Fanshel (1977), die komplexe sozio-kulturelle Semantik von Äußerungen in Interaktion zu rekonstruieren, im konversationsanalytischen Forschungsfeld nicht aufgegriffen, geschweige denn weiterentwickelt worden ist.

- eine interaktionsdynamische Perspektive, in der die Zusammenhänge einzelner Handlungen bzw. Äußerungen, die verschiedenen Interpunktionsfolgen, beschrieben werden,
- eine psychodynamische Perspektive, in der latente Bedeutungen von Äußerungen und Handlungen formuliert werden (z. B. Übertragungen) sowie mit dem Geschehen verbundene Sehnsüchte, Begierden etc.,
- eine beziehungsdynamische Perspektive, in der die Beziehungsmuster, die die Beteiligten entwickeln und in denen sie sich bewegen, beschrieben werden (Spiele, latente Muster),
- eine negative Perspektive, in der festgestellt wird, was durch das interaktive Geschehen gerade ausgeblendet wird, was also *nicht* gesagt oder getan wird und gerade dadurch „von Bedeutung" ist (Tyler 1978; Labov und Fanshel 1977),
- eine bindungstheoretische Perspektive, in der das Geschehen unter Gesichtspunkten von Nähe und Distanz beschrieben wird.

Perspektivenverschränkung

Handlungsbeteiligung an Interaktionsprozessen ist von reziproken Wahrnehmungen geprägt – ein Tatbestand, der – soziologisch – als Erwartungserwartung bestimmt ist (Luhmann z. B. 1987), psychologisch als Soziale Wahrnehmungsverschränkung („Ich fürchte, er glaubt, dass ich ihn für … halte") (Laing et al. z. B. 1971). Erlebnismäßig ergeben solche Wahrnehmungsschleifen ein kompaktes Wahrnehmungsmuster. Sowohl Luhmann als auch Laing et al. haben darauf hingewiesen, dass es gerade das Moment der Verschränkung ist, das sozialer Interaktion die Qualität sozialer Kohärenz verleiht. Auffassungen von Interaktion als Ping-Pong-Spiel (z. B. Auer 2020) entgeht diese Qualität völlig (s. o.). Perspektivenverschränkung in ihrer Komplexität ist sprachlich nur schwer darstellbar. Laing selbst hat konsequenterweise die sprachliche Form der Verdichtung, der „Knoten", gewählt (Laing 1972), um eine angemessene Darstellung erreichen zu können.

Flüchtigkeit des interaktiven Geschehens

Flüchtigkeit des interaktiven Geschehens ist eines ihrer hervorstechenden Merkmale. Sie stellt Interaktionsbeteiligte vor besondere Herausforderungen. „Daher bedarf es […] einer besonderen Beredsamkeit, einer Mühelosigkeit der sprachlichen Gestaltung, einer eindringlichen Suggestivkraft und einer durchweg herrschenden Rhythmisierung. Dem folgt der Hörer; zurückbleiben kann er nicht. Die Botschaft muß unmittelbar wirken, was immer ihr angestrebter Effekt ist." (Zumthor 1988, S. 708).

Die Flüchtigkeit stellt auch jede distanzierte, z. B. wissenschaftliche Betrachtung sozialer Interaktion vor besondere Herausforderungen, weil diese als distanzierte

Betrachtung statischen konstatierenden Charakter hat und sich ihr das Moment der vergänglichen Flüchtigkeit tendenziell entzieht. Die Beschreibung einzelner Momente hat gleichsam „Schnappschuss-Qualität". Es bedarf der besonderen literarischen Gestaltung, um dementgegen wirkend Momente der Flüchtigkeit als solche zu erfassen.

Systemische Schließung
Unter systemischer Schließung wird das Phänomen verstanden, dass Prozesse sozialer Interaktion zur Gestaltbildung bestimmter Interaktionsmomente tendieren. Dies können z. B. Momente thematischer Fixierung sein (Nothdurft 1992), Ausschließungen von Beteiligungsmöglichkeiten, das Nicht-zur-Sprache-Bringen thematisch relevanter Gesichtspunkte (vgl. allgemein Tyler 1978), als Beispiel der „Verdummungsbund" bei v.Weizsäcker (1948)[5], der „awareness-context" bei Glaser und Strauss (1974)), Stabilisierungen von Ausdrucksbedeutungen (Nothdurft 1992), wie auch von Beteiligungsrollen und Beziehungsmustern oder die Herausbildung von Mustern der Interaktionsdynamik (Nothdurft 1996). Systemische Schließungen kommt nur durch das Handeln *aller* Beteiligten zustande, sie haben interaktiven Charakter. „Sie ergeben sich wesentlich durch einen Prozess der Kontextualisierung, in dessen Verlauf bestimmte Gesprächscharakteristika situationsdefinierende Kraft gewinnen" (Nothdurft 1992, S. 205). Systemische Schließung ist damit eine genuine Eigenschaft sozialer Interaktion.

7.2   Denk- und Darstellungsformate in der gegenwärtigen Erforschung sozialer Interaktion

In diesem Abschnitt setzen wir uns mit der vorherrschenden analytischen Mentalität des Arbeitens im Bereich der Interaktionsforschung auseinander, die unterschiedliche Ansätze eint, die üblicherweise als „Konversations"- oder „Gesprächsanalyse" bezeichnet werden. Kernstück dieser Mentalität ist „[...] die Orientierung auf ablaufendes kommunikatives Geschehen, das durch technische Mittel, nämlich Ton- oder Videoband, festgehalten wird und in aller Regel in Form ausgefeilter Transkripte als Datenmaterial die Grundlage für weitergehende analytische Anstrengungen abgibt" (Nothdurft 2006, S. 32). Es erscheint „[...]

---

[5] v.Weizsäcker bezeichnet mit diesem Ausdruck ein Verfahren der „Verdummung zu zweien" in der medizinischen Kommunikation: „Der Onkel Doktor und der Neffe Kindskopf helfen einander, der Klarheit auszuweichen, und bilden zusammen einen Verdummungsbund, ein Boden, auf dem die Praxis gedeiht" (v.Weizsäcker 1948, S. 133).

als besondere Stärke dieser Ansätze, dass sie den Bezug zu Momenten kommunikativer Wirklichkeit herstellen können über die Vorführung des Videobandes,
Tonbandes bzw. Transkripts – und darauf verweisen können: ‚Hier sieht man es:
So ist es'" (Nothdurft 2006, S. 34). Entsprechend großer Wert wird auf die methodische Ausgefeiltheit der Datenerfassung gelegt. Wir werden in diesem Abschnitt
zeigen, dass die entsprechenden fachinternen Debatten dazu geführt haben, dass
der Erkenntnisanspruch, der ursprünglich mit diesen Formen der Datenerfassung
verbunden war („So ist es"), stillschweigend aufgegeben wurde und durch einen
Darstellungsanspruch („So können wir es zeigen") ersetzt worden ist.

Die Methodo-Logik gesprächs- bzw. konversationsanalytischen Arbeitens
(CA) beruht wesentlich auf der spezifischen Datenqualität von Audio- und Videoaufnahmen stattgefundener, sg. natürlicher Gespräche bzw. sozialer Interaktion
und deren Transkription. „CA is the method which made transcription a central
methodical element" (Ayaß 2015, S. 506). Diese Datenqualität soll die Authentizität der Daten, die Objektivität der Analyse und die Validität der analytischen
Ergebnisse begründen bzw. sicherstellen. Der Anspruch, der mit dieser Datenqualität verbunden ist, ist, kommunikatives Geschehen in seinem authentischen
Zustand abzubilden, also zu zeigen, „wie es ist". Diese Art der Gesprächsanalyse bezeichnen wir infolge dessen als „dokumentarische" Gesprächsanalyse – sie
erhebt den Anspruch, ihre Studien auf dokumentarischer Basis durchzuführen.
Diese besondere epistemische Qualität impliziert eine Haltung der Abstinenz
gegenüber den Untersuchungsgegenständen. Dies betrifft zum einen die Art der
Forschungspräsenz des Gesprächsanalytikers oder der Gesprächsanalytikerin in
der Situation der Datenerhebung: Zum inszenatorischen Gestus der dokumentarischen Gesprächsanalyse gehört, dass sich der oder die Aufnehmende „völlig
raushält" und nur als „Tonband-HalterIn" fungiert. Er oder sie bedient nur das
Gerät, dieses hält das Geschehen fest. Dies soll sicherstellen, dass die Subjektivität des Forschers oder der Forscherin die Echtheit der Daten nicht beeinträchtigt[6].
Diese wird durch die „Reinheit" des Geräts sichergestellt. Zum anderen ist von
dieser Abstinenz die Vertrautheit des Gesprächsanalytikers oder der Gesprächsanalytikerin mit dem Datenmaterial betroffen. Der Gesprächsanalytiker oder
die Gesprächsanalytikerin versteht aufgrund seiner oder ihrer Zugehörigkeit zu
der jeweiligen Kommunikationsgemeinschaft das, was er oder sie hört, sieht,
liest, unmittelbar. Von dieser Unmittelbarkeit wird jedoch abstrahiert und der

---

[6] Der Ethnologe Edward Schiefflin berichtet von seinen Feldforschungen: „The worst
moments came from my indigenous research assistants who, in moments of intensity, occa-
sionally called out to people not to all speak at once lest the conversation prove impossible
to transcribe" (Schieffelin 2005, S. 84).

Gesprächsanalytiker oder die Gesprächsanalytikerin nimmt eine Haltung der Befremdung an, aus der heraus sein oder ihr Datenmaterial exotisiert wird.[7]

Der Status des Transkripts als das wesentliche Datenmaterial ist im Bereich der Gesprächsanalyse unbestritten. Es gilt als ausgemacht, dass erst „[…] die extensive und beliebig oft wiederholbare Analyse eines Datensegments" (Deppermann 2008, S. 40) Erkenntnisse ermöglicht. Das Transkript soll jedoch nicht nur Erkenntnisgewinnung ermöglichen, sondern auch Erkenntnisbegründung. Dazu dient in der konversationsanalytischen Überzeugungsrhetorik in besonderer Weise, was wir „den suggestiven Doppelpunkt" nennen: Diese Rhetorik führt typischerweise zu einem Textformat „analytische Aussage/Interpretation – Doppelpunkt – Transkriptionsausschnitt", d. h. nachdem der Leser oder die Leserin interpretativ vorgeprägt ist, suggeriert der Doppelpunkt „Jetzt kommt der Beleg" und dann erscheint das Transkript – als angekündigter Beleg. Würde man annehmen, dass der Leser oder die Leserin auf die Seriosität des Analytikers bzw. der Analytikerin vertraut, könnte man sich den Belegaufwand sparen. Dies erfolgt aber gerade nicht.

Diese Überzeugung, kommunikative Wirklichkeit durch diese Form der Datenerhebung in ausgezeichneter Weise erfassen und begründen zu können, führte dazu, dass in der Geschichte konversationsanalytischen Arbeitens das Transkript geradezu Fetisch-Charakter erhielt und die Publikation von Studien ohne Transkript abgelehnt wurde.

Wiewohl Basis und Herzstück gesprächsanalytischen Arbeitens, war diese Basis jedoch auch von Anbeginn an Gegenstand von Bedenken, Einwänden und Kritik, die auch durch die aktuelle Wendung zur Multimodalität (z. B. Deppermann und Streeck 2018) nicht obsolet geworden sind. Angesprochene Gesichtspunkte waren u. a.:

- dass ein zentrales Merkmal sozialer Interaktion, ihre Flüchtigkeit, durch die Konservierung durch Ton- bzw. Videoaufnahme und mehr noch durch deren Transkription aufgehoben wird und damit der Charakter des Gegenstandes verändert wird (Verfügbarkeit statt Flüchtigkeit; vgl. z. B. Franck 1989; Nothdurft 2006);

---

[7] Diese „darstellungstechnische Verfremdung" (Nothdurft 2006, S. 37) verschafft dem Gesprächsanalytiker dann auch einen gegenüber Laien privilegierten Zugang, denn im unmittelbaren Verstehen wäre er Laien gleich. In einer ähnlichen Situation befindet sich der Ethnograph, vgl. dazu die *writing-culture*-Debatte (s. u. Abschn. 7.4).

- dass der mediale Charakter des Transkripts als Text eine besondere Affinität zu Wörtern besitzt und sich dadurch eine Präferenz für die Dokumentation der verbalen Ebene sozialer Interaktion ergibt (z. B. Ochs 1979)[8];
- dass Ton- bzw. Videoaufnahmen und deren Transkription möglicherweise für die Erfassung stark monologischer Kommunikation geeignet sind (z. B. Vorträge), nicht aber für die Erfassung interaktiv geprägten Geschehens mit simultaner Beteiligung mehrerer Interaktionsteilnehmer (Schieffelin gibt als Beispiel „preaching in Black American churches" an; Schieffelin 2005, S. 82);
- dass die soziale Interaktion nicht aus sich selbst heraus verständlich ist, sondern nur unter Heranziehung von Kontextgesichtspunkten (normative Werte, ästhetische Maßstäbe), die aber in den dokumentierten Daten nicht erkennbar sind (vgl. Labov und Fanshel 1977);
- dass durch die Transkriptionsdarstellung eine Fixierung auf den Sprecher erfolgt. „Das beobachtete Ereignis wird so dargestellt, dass der Sprecher etwas tut – nicht der Beobachter. Die Zuschreibung erlaubt es dem Beobachter, sich aus der Deskription dessen, was passiert, rauszuhalten. Wesentlich in dieser Zuschreibung ist die Direktionalität des Sprechers zum Hörer. Diese Direktionalität hat erhebliche Implikationen für die gesamte Beschreibungsweise mündlicher Kommunikation, unter anderem die korrespondierende Bestimmung des Hörers als rezeptiv-verarbeitenden, als Instanz der Verarbeitung dessen, was gesagt worden ist (und was doch eigentlich nur […] vom Analytiker gehört worden ist)" (Nothdurft 2006, S. 39) – das Moment des Beteiligungssystems (s. o. Abschn. 4.2) wird damit ausgeblendet;
- dass nicht davon ausgegangen werden kann, dass alles, was im Transkript dokumentiert ist, von den Beteiligten auch wahrgenommen bzw. gehört worden ist, sodass sich die Frage stellt, *was* im Transkript eigentlich abgebildet wird. Die Gesprächs- bzw. Konversationsanalyse verfügt nicht über einen konsistenten Teilnehmer-Begriff. Einerseits formuliert sie den Anspruch „[…] to have access to the *same* actions and events *as the participants* in the encounter had" (Deppermann und Streeck 2018, S. 13, u.H.), wobei unklar bleibt, was „same" in diesem Zusammenhang heißen soll, andererseits soll es darum gehen, „[…] not to focus on single actors […] but to document the whole interactive configuration" (Deppermann und Streeck 2018, S. 13 f.).
- dass es kurzschlüssig ist, die in den Untersuchungen video- bzw. tonpräsenten, somit medial-vermittelten Menschen mit realen Menschen bzw.

---

[8] Cicourel unterstreicht mit Bezug auf Ochs, dass „[…] die Transkription audiovisuellen Materials theoretische Grundannahmen voraus[setzt], an die bei Konversations- oder Gesprächsanalysen selten gedacht wird" (2012, S. 126 f.).

deren Aktivitäten zu identifizieren, über die dann aber in den Untersuchungen Aussagen gemacht werden. Es erfolgt keine Medien-theoretische Reflexion des Verhältnisses (die etwa an die medien-theoretischen Erörterungen Kracauers anschliessen könnte).

Die Debatten um Status und Qualität von Transkriptionen als Datengrundlage interaktionstheoretischer Forschung, intensiviert durch den verstärkten Einsatz von Video-Technologie, führten zu einer Reihe erheblicher Modifikationen der „klassischen" konversationsanalytischen Auffassung und Technik.[9] Insbesondere wird das Transkript nicht mehr als Grundlage und Vorbereitung der Analyse angesehen, sondern als Teil der Interpretationsarbeit, der Analyse, betrachtet. Es wird anerkannt, dass das Transkribieren eine „[...] *selektive, interpretierende* und *strukturierende* Handlung ist" (Mondada 2016, S. 113, u.H.). Konversationsanalytisches Arbeiten wird in die Nähe „*ethnographische[r]* Beobachtungen" gerückt (vom Lehn 2018, S. 63)[10]. Die analytische Bedeutung eines *holistischen* Gesamteindrucks der Daten wird betont. Es werden *visuelle* Elemente in die textuelle Datenrepräsentation eingeführt (Standbilder, Pfeile, Vergrößerungen), sodass das Transkript den Charakter einer Montage bzw. Collage erhält. „Bilder in Transkriptionen entsprechen [...] eher einer ‚*Montage*' und ‚*Collage*' als einer *wirklichkeitsgetreuen, transparenten* Abbildung der ursprünglichen Handlung" (Mondada 2016, S. 136, u.H.).

Mehr oder weniger stillschweigend hat mit diesen Neuinterpretationen des Status des Transkripts die Datengrundlage ihren dokumentarischen Charakter eingebüßt und den Charakter eines kunstvollen Arrangements gewonnen. Der Schwerpunkt der analytischen Anstrengung verschiebt sich damit von der möglichst genauen Dokumentation der Daten zu einer möglichst überzeugenden Darstellung der Geschichte. Im Prinzip ist diese Verschiebung seit Georg Simmels berühmten Diktum, arm sei nicht, wer nichts habe, sondern die Person, die als arm gesellschaftlich bezeichnet werde, bekannt (Simmel 1999, S. 512 ff.). Das Problem der semantischen Verschiebung und Überschreibung der sozialen Wirklichkeit durch die begriffliche, kategoriale, visuelle, statistische, grafische usw.

---

[9] Was in diesen Debatten fehlt, ist eine Reflexion des gesellschaftlichen Status' gesprächsanalytischen Arbeitens. Wir weisen nur auf den Gesichtspunkt hin, dass dieses Arbeiten gesellschaftlichen Praktiken der Fixierung und Vollständigkeit von Kommunikation Vorschub geleistet haben, die sich heutzutage in medienvermittelter Kommunikation etwa darin zeigen, dass chat-Äußerungen noch Jahre später entkontextualisiert gegen die Person verwendet werden können.

[10] Ohne freilich, dass die in der Ethnographie erfolgten methodologischen Reflexionen mitvollzogen würden, s. dazu in Abschn. 7.4. die Ausführungen zur *writing culture* Debatte.

Aufarbeitung empirischer Daten besteht darin, die Datenerhebung ebenso wie die Praxis, die in Daten überführt wird, aus dem Problemhorizont der Analyse zu verbannen. In den Vordergrund rückt damit die (mitunter gesollte) Wirkung, die die Darstellung bzw. Neubeschreibung erzeugt – wie in Simmels Beispiel (Giddens hat dieses Problem als das Problem der doppelten Hermeneutik bezeichnet; Giddens 1995). In diesem Sinne reflektieren auch ansonsten von der untersuchten Praxis weit entfernte Forschungsrichtungen, etwa die Soziologie sozialer Ungleichheit neuerdings ihre konzeptionellen Werkzeuge im Hinblick auf die Schaffung von Geschichten über die Ungleichheit und Ungerechtigkeit durch grafische Darstellungen und Konzepte wie z. B. den sog. Gini-Koeffizienten, der das Ausmaß der Ungleichverteilung von Vermögen und/oder Einkommen zum Ausdruck bringt (s. Savage 2021, S. 42 ff.). Diese Entwicklung vom Sein zum Zeigen (s. o.) ist zutiefst ambivalent, weil einerseits die Verabschiedung der Idee der getreuen Wiedergabe empirischer Wirklichkeit durch Daten verabschiedet wird, andererseits aber die Frage auftaucht, wie die sozialwissenschaftlichen Geschichten durch die geschichtliche Wirklichkeit kontrolliert wird.

7.3 Die Idee der Interaktionsgeschichte

Auf der Grundlage der Studien von Scheler, Straus und anderen verstehen wir unseren Ansatz als eine phänomenologische Beschreibung sozialer Interaktion, d. h. wir verstehen den Gegenstand der Beschreibung nicht als ein Phänomen der Beobachtung, sondern des Erlebens. Es versteht sich, dass der Bezugsgesichtspunkt eines solchen Ansatzes keineswegs mehr ein disziplinär-abstrakter wie etwa der des Zeigens der Herstellung sozialer Ordnung sein kann.[11] Wir sind als Interaktionsbeteiligte wie auch als Analysierende mit Interaktion in komplexer unmittelbarer wie auch reflexiver Weise verwoben, und es gilt, diese Verwobenheit zu bestimmen und verständlich zu machen. Wir verstehen unsere Untersuchungen sozialer Interaktion entsprechend als Beiträge zur Selbstverständigung über soziale Interaktion und die Arbeiten entsprechend als Verständigungstexte. Der Gegenstand dieser Texte ist die jeweils untersuchte soziale Interaktion. Akteure sind in diesem Sinne auch Wörter, Klänge und Handlungen. Wir streben an, die interaktive Wirklichkeit durch Texte erlebbar, nachvollziehbar und in

---

[11] Diese Fixierung auf soziale Ordnung zieht sich durch die gesamte konversationsanalytische Forschungsgeschichte seit Sacks („there is order at all points" (Sacks 1984, S. 22)) bis zu aktuellen Arbeiten: „[…] Praktiken, mit denen *die Ordnung* im sozialen Miteinander sprachlich hergestellt wird" (Birkner 2020, S. 15, u.H.); s. o. Abschn. 6.2.

ihrer Logik verstehbar zu machen. Wir gehen von einem alltäglichen, vertrauten Vorverständnis eines Interaktionsereignisses aus (und damit auch von seiner Geläufigkeit, seiner Banalität) und versuchen, von diesem aus zu den Facetten seiner Gesellschaftlichkeit vorzudringen, ein Aufbruch in unbekannte Gebiete, wie Kracauer titelt (Kracauer 1978, S. 211). Diese Texte nennen wir Interaktionsgeschichten.[12] Die Textform der Interaktionsgeschichte, wie sie uns vorschwebt, nutzt bewusst die Vielzahl sprachlicher Ausdrucksmöglichkeiten, also das, was gegenwärtig noch leicht abfällig „literarische Beschreibungen" in wissenschaftlichen Darstellungen genannt wird.[13] In diesen Interaktionsgeschichten reflektiert die textuelle Gestalt wie auch das Detail der Formulierung die Charakteristika der jeweiligen Interaktion. Richard Rorty hatte dafür argumentiert, dass wir unser Selbstverständnis als Gesellschaftsmitglieder über literarische Verfahren und Formate entwickeln sollten:

> „Das ist eine Aufgabe nicht für Theorie, sondern für Sparten wie Ethnographie, Zeitungsberichte, Comic-Hefte, Dokumentarstücke und vor allem Romane. Bücher wie die von Dickens, Olive Schreiner oder Richard Wright liefern uns Details über Leid, das Menschen ertragen, auf die wir vorher nicht aufmerksam geworden wären. Romane von Choderlos de Laclos, Henry James oder Nabokov zum Beispiel zeigen uns im Detail die Art von Grausamkeit, deren wir selbst fähig sind, und bringen uns auf diese Weise dazu, uns selbst neu zu beschreiben" (Rorty 1989, S. 16).

Dieser Auffassung schließen wir uns in Hinblick auf soziale Interaktion an. Wir sehen Vorlagen für ein solches Konzept der Interaktionsgeschichte und ihren Beschreibungsweisen sozialer Wirklichkeit im Ansatz der „Mikro-Historie" von

---

[12] Der Ausdruck „Interaktionsgeschichte" wird auch von Meyer (1994) verwendet, allerdings in deutlich unterschiedlicher Bedeutung; zur Kritik an Meyer s. u. Im Bereich der Konversationsanalyse taucht der Begriff „Interaktionsgeschichte" nur auf in der deutschen Übersetzung einer englischsprachigen Studie von Peräkylä (2012): „Die Interaktionsgeschichte einer Deutung". In dieser Studie geht es um das Zustandekommen einer psychoanalytischen Deutung aufgrund der Entwicklung eines länger andauernden Themenstranges, ergänzend zu einer Zug-um-Zug-Betrachtung, d. h. es geht nur insofern um Geschichte, als die Interpretation einiger Therapiesequenzen durch Passagen angereichert wird, die sich weit zuvor im Therapieprozess ereignet hatten. Es handelt sich somit nicht um Interaktionsgeschichte in unserem Sinne, sondern um eine Behandlungsgeschichte. Unsere Vorstellung von Interaktionsgeschichte erfolgt u.a. auf der Grundlage der geschichtstheoretischen Erörterungen Kracauers (1971).

[13] Siehe aber als aktuelles Beispiel literarischer Sozialwissenschaft die Studie des Geertz-Nachfolgers Didier Fassin (2021) mit ihrer „experimental writing strategy" (Fassin 2021, S. xiv). Fassin siedelt seine Studie ausdrücklich „[…] beetween history and literature, between law and journalism" an (Fassin 2021, S. xv), inspiriert von Foucaults Rivière-Studie (2016) und Ginzburgs Studie zum Fall Sofri (1991).

Carlo Ginzburg (Ginzburg 1991), Barbara Thériault (2020) und vor allem in den Arbeiten von Sigfried Kracauer, z. B. in der Studie „Die Angestellten" (Kracauer 1978) und den Feuilletons (Kracauer 1996).[14] Über die Darstellung einzelner Fälle hinaus birgt auch die Zusammenstellung von Fällen i. S. des Kracauer'schen „Mosaik" (Kracauer 1978) Erkenntnismöglichkeiten und kritisches Potential. Wir nutzen das Potential der Sprache, um interaktive Phänomene in ihrer Unmittelbarkeit, Verwobenheit, Paradoxie, Flüchtigkeit, Reflexivität und Emotionalität nachvollziehbar und verständlich zu machen und dadurch zu einem bewussteren, souveräneren, leidenschaftlicheren Zugang zu sozialer Interaktion beizutragen.

Wir betonen, dass wir nicht von der Annahme ausgehen, dass es für eine konkrete Interaktion *die eine* gültige Interaktionsgeschichte gibt. Vielmehr stellen wir uns eine Vielzahl von Interaktionsgeschichten vor, die insgesamt das Bedeutungspotential der konkreten Interaktion entfalten[15].

---

[14] Nach Neckel „[…] repräsentiert *Die Angestellten* auch eine literarische Form soziologischer Analyse, die in ihrer Verknüpfung von dichter Beschreibung und typologischer Konstruktion bis heute einzigartig geblieben ist." (Neckel 2014, S. 387). Diese Einschätzung kann auch für die anderen Feuilletons Kracauers gelten. So beschreibt er z. B. in „Seminar im Café" eine Situation, in der in einem Café eine Gruppe von Studenten mit ihrem Professor zusammen sind. Kracauers Interesse gilt dabei vor allem einem der Studenten, den er als „Pfiffikus" bezeichnet: „Den Blumen gleich, die sich der Sonne zuneigen, wenden sich alle Studenten dem Professor entgegen, und in dem Licht, das er verbreitet, erröten sie sanft. […] Vor allem der Pfiffikus strahlt. Hat er sich doch von Anfang an, bevor der Erwartete eintraf, seinen Platz so ausgewählt, daß er dicht neben dem Professor sitzen muß. Tatsächlich bewährt sich diese Kriegslist, und nachdem sich das Seminar endgültig niedergelassen hat, wird er zum Gegenstand eines innigen Neids, der seinen Triumph noch erhöht. […] Der Professor lächelt erfahren, der Stock weltmännisch, die Gruppe der Jungen bescheiden. Den Löwenanteil am Lächeln heimst natürlich der Pfiffikus ein. Gleichviel, ob er wirklich der erklärte Liebling des Professors ist oder nicht: jedenfalls hat er sich in die Rolle hineingelebt und spielt sie mit Leidenschaft. […] Sein Lächeln ist um einen Grad intimer als das der Gefährten, es hat außer der allgemeinen sozusagen noch eine persönliche Note. Da er nun, eben als Favorit, die Verpflichtung in sich spürt, dieses Lächeln jederzeit neu zu erzeugen, behält er es auf alle Fälle auch dann bei, wenn die Gelegenheit von ihm fordert, daß er sorgenvoll oder tiefgründig wirke. In solchen Fällen lächelt er einfach unter einer Oberfläche von Schwermut weiter. Noch durchfurchten Falten die Stirn, und schon harren die Konturen der Heiterkeit ihrer Verwendung. Sie üben, dem Gesicht eingegraben, einen ständigen Bereitschaftsdienst aus, und der Pfiffikus braucht nur an einem unsichtbaren Schnürchen zu zupfen, um die letzte Hülle wegzuziehen, die sie verdeckt. So überholt er die anderen und eilt wie ein Quartiermacher dem Professor voraus" (Kracauer 1996, S. 67 f.). Aktuelle Versuche der Beschreibung sozialer Wirklichkeit im Geiste Kracauers finden sich in der Zeitschrift „Siggi" der Universität Montreal, Kanada.

[15] und gleichsam in einen Wettbewerb miteinander treten. Hierzu gehören auch dialogische Schreibtechniken.

Jeder Leser eines Wirklichkeitsberichts schließt, so Lejeune, bei der Lektüre mit dem Autor einen *Pakt* ab, im Fall einer Autobiographie einen „autobiographischen Pakt" (Lejeune 1994). Teil des Paktes ist die Aufrichtigkeit des Autors. „[…] ein Chronist, der lügt, ist erledigt", zitiert Plessen den „Erz-Berichter Egon Erwin Kisch" (Plessen 1981, S. 18). Einen analogen Pakt nehmen wir für die Interaktionsgeschichten in Anspruch.

„Is this work still one of social science?" fragt sich Fassin in Hinblick auf seine eigene Studie:

> „Admittedly, it does not follow the traditional forms of the discipline. Subjective recounting of the facts belongs to literature, the conduct of the inquiry is reminiscent of a particular form of journalism, and the reconstruction of the investigation without doubt echoes the form of the criminal investigation process. These comparisons are reasonable, in my view, and in no way discreditable. But I contend that I maintain certain fundamental principles of the social sciences: empirical research based on a field study supplemented by examination of documents; equal attention accorded to the words of all those involved; a commitment to subject all available evidence to critical examination; the desire to go beyond the individual case and reveal the generality of social processes; and, indeed, the acknowledgment of the presence of the researcher, whom I have chosen to present from the outset as one protagonist among others." (Fassin 2021, xxiv f.).

Interaktionsgeschichten wenden sich an Leser und Leserinnen *als Gesellschaftsmitglieder,* sie zielen ab auf die „Erreichung von Denkzwecken" (Plessen 1981, S. 24). Das unterscheidet sie von Schilderungen interaktiven Geschehens, die primär dem Zweck des Vergnügens und des Genusses dienen wie z. B. die Sketche von Bülows'.[16] Von linguistischen Beschreibungen andererseits unterscheiden sie sich darin, dass sie auf Leser und Leserinnen in ihrer Gesellschaftlichkeit bezogen sind, während bei jenen in ihren Darstellungen die Gesellschaftlichkeit der Leserschaft keine Rolle spielt.

---

[16] Wir erachten die Zweckbindung des Textes also als ausschlaggebendes Kriterium für *fiction* oder *non-fiction*, nicht formale Charakteristika des Textes (etwa sein Tempus). Überlagern sich die Zwecksetzungen, überlagern sich auch die ästhetischen Charakterisierungen.

7.4 Status und Tradition von Geschichten in den Sozialwissenschaften

7.4.1 Die Problemstellung

Die Frage ist, wie es einem Autor oder einer Autorin gelingt, einen Text so zu schreiben, dass der Leserschaft glaubhaft gemacht wird, es sei ein Bericht über ein Ereignis, das sich tatsächlich so zugetragen hat; wie es ihr oder ihm mit anderen Worten gelingt, die Leserinnen und Leser in ihren Bann zu ziehen. Diese Frage stellt sich auch für wissenschaftliche Texte, allerdings nicht für alle wissenschaftlichen Texte. Sie stellt sich *nicht* für Texte, in denen für oder gegen eine bestimmte Auffassung *argumentiert* wird – da geht es um Überzeugungen, die durch fundierte Begründungen geschaffen werden sollen. Die Frage der Glaubwürdigkeit stellt sich aber für wissenschaftliche Texte, soweit sie im Format eines Berichts oder einer Fallgeschichte erscheinen – und damit auch für interaktionsbezogene Fall-Geschichten.

Die Frage, woher eine im wissenschaftlichen Kontext geschriebene Fallgeschichte ihre Überzeugungskraft nimmt, ist in pointierter Form durch Clifford Geertz diskutiert worden (1988). Geertz erörtert die Frage in Bezug auf ethnografische Berichte und Geschichten und konstatiert, dass diese Frage im Bereich der Ethnologie „in verhüllter Form" behandelt worden ist –

> „Verhüllt, weil sie im allgemeinen nicht als narratologisches Problem gestellt worden ist, als Frage danach, wie man es am besten schafft, eine wirkliche Geschichte wirklich anständig zu erzählen, sondern als eines der Erkenntnistheorie, als Frage, wie man verhindert, daß objektive Fakten von subjektiven Ansichten entstellt werden. Den Konflikt zwischen den Erklärungskonventionen autorgesättigter Texte und denen autorentleerter Texte, der aus der eigentümlichen Natur des ethnographischen Unternehmens hervorgeht, imaginiert man als Konflikt zwischen der Sichtweise, die Dinge zu sehen, wie man sie sich wünscht, und der, sie zu sehen, wie sie wirklich sind." (Geertz 1988, S. 17 f.)

Geertz macht für diese, seiner Auffassung nach fehlgeleitete, Interpretation der Frage Ängste vor Subjektivität aus[17], eine Deutung, die sich mit der von Devereux (1967) für die Sozialwissenschaften insgesamt diagnostizierten deckt. Aus dieser – fehlgeleiteten – Interpretation der Frage ergibt sich auch ihre Antwort: „Wenn man die Beziehung zwischen Beobachter und Beobachtetem (den Rapport) in den Griff bekommt, wird die Beziehung zwischen Autor und Text (die

---

[17] „(meiner Meinung nach ziemlich übertriebene Ängste)", wie er in Klammern bemerkt (Geertz 1988, S. 18).

Handschrift), so glaubt man, von selbst nachfolgen." (Geertz 1988, S. 18). Angesichts des gewichtigen Problems der Erkenntnis des Anderen in der Begegnung mit dem Forscher (ver)schwindet das Problem „der Begegnung (des Forschers) mit dem Blatt Papier." (Geertz 1988, S. 18). Damit aber wird, so Geertz, „die Seltsamkeit des Konstruierens von vorgeblich wissenschaftlichen Texten aus Erfahrungen, die im weitesten Sinne biographische sind – und das ist es ja doch, was Ethnologen tun -, völlig verschleiert" (Geertz 1988, S. 18) und der Frage nach der spezifischen sprachlich-rhetorischen oder gar poetischen Qualität wissenschaftlicher Texte wird mit Abwehrreaktionen begegnet: Erstens gehöre sich eine solche Frage nicht, weil nicht auf den Gegenstand der Forschung, sondern – in narzisstischer Nabelschau betrieben – auf den Autor bezogen. Zweitens sei es die Frage nicht wert, behandelt zu werden, weil es sich um Fachtexte handele, aber nicht um literarisch wertvolle Kunststücke. Drittens wird der Frage eine Behauptung der Beliebigkeit wissenschaftlicher Erkenntnisse unterstellt: Wenn alles nur sprachliche Konstruktion sei, führe dies „zu einem zersetzenden Relativismus, in dem alles nur ein mehr oder weniger geistreicher Ausdruck von Meinung ist" (Geertz 1988, S. 12).[18]

Eine Beschäftigung mit dem Schreiben von Berichten und Fallgeschichten hält Geertz deshalb für notwendig, weil das meist angegebene Kriterium für die Überzeugungskraft dieser Texte – Faktenreichtum – einer kritischen Überprüfung jedenfalls ethnographischer Beschreibungen nicht standhält.[19] Einigen Ethnographen aber gelingt es besser als anderen, „in ihrer Prosa den Eindruck zu vermitteln, daß sie engen Kontakt mit fernen Lebensformen gehabt haben. […] Wenn wir entdecken, wie in dieser Monographie oder in jenem Artikel ein derartiger Eindruck erweckt wird, werden wir gleichzeitig die Kriterien entdecken, nach denen sie zu beurteilen sind." (Geertz 1988, S. 15). Allerdings wäre es

---

[18] White stellt mit Blick auf die Geschichtswissenschaft fest: „Das Interesse der meisten Historiker an der Sprache erstreckt sich lediglich auf die Bemühung sich klar auszudrücken, blumige Redefiguren zu vermeiden, sicherzustellen, daß die Persona des Autors nirgendwo im Text erkennbar in Erscheinung tritt, und deutlich zu machen, was Fachtermini bedeuten, wenn sie überhaupt welche zu benützen wagen." (White 1986, S. 152).

[19] Ähnlich stellt Overbeck mit Blick auf die Fallgeschichten Freud's fest, „daß die Überzeugungskraft seiner Fallgeschichten wahrscheinlich weniger aus seinen stringenten metatheoretischen Ableitungen resultiert, als in der aktiven, sehr erlebnisnahen Partizipation am Fallmaterial, das er dem Leser ermöglicht" (Overbeck 1993, S. 52). Atkinson bemerkt in Hinblick auf die Darstellungsweise Goffmans: „One of the commonplace observation to be made about Goffman's texts is that their persuasive power (if any) does not usually rest on conventional canons of scholary self-presentation. We the readers are not offered the normal justificatory apparatus of, say‚methods' and a corpus of specially marked ‚data'" (Atkinson 1989, S. 60).

verkürzt, die Frage der Glaubwürdigkeit allein als textuelle Frage zu betrachten; vielmehr sind darüber hinaus sozio-kulturelle Kontextgesichtspunkte zu betrachten: in welchem Medium (Zeitschrift, Verlag) ist der Text erschienen? In was für einer Resonanzbeziehung zu kulturell aktuellen Werten und Debatten steht der Text?

7.4.2 Die Entstehung der Frage

Die Frage nach der rhetorischen Qualität von Beschreibungen bzw. Fallschilderungen wird überhaupt erst problematisch vor dem Hintergrund einer konzeptionellen Trennung von Literatur auf der einen Seite und Wissenschaft auf der anderen Seite, eine Trennung, die Foucault (1974) und Eagleton (1983) zufolge erst im 17. Jhdt. erfolgte. Als Montaigne im 16. Jhdt. seine „Essays" schrieb, stellte sich ihm diese Frage noch nicht. Die Trennung von Literatur und Wissenschaft erfolgte im Zuge des Aufbaus einer wissenschaftlichen Kampf- und Demarkationslinie, die sich durch folgende Oppositionen charakterisieren lässt:

- Fakt – Fiktion
- Objektivität – Subjektivität
- Beobachtung – Rhetorik
- Beschreibung – Erzählung
- Wahrheit – Täuschung
- Wissenschaft – Literatur (als Kunst im Medium der Sprache)[20]

---

[20] Als ein Beispiel von vielen sei nur Lukács zitiert, der mit Entschiedenheit formulierte:
„Die grundlegenden Darstellungsmethoden von Wissenschaft und Kunst schließen sich gegenseitig aus, so sehr ihre letzten Forschungsgrundlagen (gedankliche Reproduktion der Wirklichkeit) dieselben sind, so sehr die eine in der fruchtbarsten Weise die Elemente der anderen – der eigenen grundlegenden Methode untergeordnet und in sie organisch eingebaut – benutzen kann und unter Umständen benutzen muß. Aber eine ‚künstlerische' Darstellung mit wissenschaftlichen Zielen wird stets sowohl eine Pseudowissenschaft wie eine Pseudokunst sein und eine ‚wissenschaftliche' Lösung der spezifisch künstlerischen Aufgaben ergibt ebenso inhaltlich eine Pseudowissenschaft und formell eine Pseudokunst. Gerade das strebt aber – bewußt oder unbewußt – die Reportage als schöpferische Methode der Literatur an." (Lucács 1971, S. 41) (zum Stellenwert speziell der Reportage s. u. „Soziologie: die Geburt der Soziologie aus der Reportage".

Lepenies interpretiert in seiner Studie zum – spannungsreichen[21] – Verhältnis von Literatur und Soziologie (in Frankreich, England und Deutschland) die Propagierung bewusst-nicht literarischen Schreibens als Strategie der Soziologie zur Etablierung von Wissenschaftlichkeit mit einer korrespondierenden Diskreditierung literarischen Schreibens mit der Folge, dass diese Weise des Schreibens unter Generalverdacht des Nicht-Wissenschaftlichen gestellt wurde – ein Generalverdacht, der dann jene Angst auslöste, die Geertz für so übertrieben hält.[22] Es ist die konzeptionelle Trennung selbst, die das Problem zuallererst erzeugt.

Dass Wissenschaftler und Wissenschaftlerinnen gleichwohl, insbesondere, wenn sie ihre Wissenschaftsdisziplin in innovativer Weise inspirierten oder weiterentwickelten, auf ihnen vertraute literarische Darstellungs- und Schreibweisen zurückgriffen, ist naheliegend und bekannt– so im Fall Darwins auf die Schreibweise von Charles Dickens (vgl. Levine 1988), im Fall Malinowskis auf die von Joseph Conrad (vgl. Clifford 1988; Thornton 1985). Sigmund Freud nahm sich nach eigener Aussage Lessing zum Vorbild (vgl. Mahony 1989, S. 145).[23] Tatsächlich sind in der Fallgeschichte Wissensgenerierung und Literalität untrennbar miteinander verwoben.[24]

---

[21] Z. B. die Beziehung von Simmel zum Kreis um Stefan George, vgl. Lepenies (1985, S. 335 ff.).

[22] Das komplexe Verhältnis von Schriftsteller und Wissenschaftler ließe sich auf der Ebene psychodynamischer Typisierungen folgendermaßen charakterisieren: Der Wissenschaftler erlebt eine Bedrohung seines Selbstbildes durch eine Phantasie, der Schriftsteller sei ihm an sprachlicher Ausdruckskraft überlegen (eine i. d. T. bei Schriftstellern durchaus anzutreffende Haltung, vgl. McCarthy (1980)). Auf diese Bedrohung reagiert er mit der Selbstschutz-Behauptung, dass eine solche Ausdruckskraft in der Wissenschaft nichts zu suchen habe.

Nur am Rande angemerkt sei, dass auch umgekehrt Berichte tatsächlicher Ereignisse im „Garten und Haus der Kunst" nicht immer mit offenen Armen empfangen wurden. Fälle „[…] aus der verdunkelten Krankenstube mit ihrem Eiter = und Typhusdunst, aus der Irrenhausatmosphäre und Beleuchtung" hatten für den Poeten Wilhelm Raabe in der Literatur nicht zu suchen (zitiert in Wegmann 2016, S. 23).

Gleichsam andersherum hat sich Literatur durchaus auch als Wissensvermittlerin verstanden und sich von den Zielgrößen Galanterie und Unterhaltung abgegrenzt, beispielhaft Schillers „Verbrecher aus Infamie", vgl. Borgards et al. (2013).

[23] Korrespondenzen zwischen Theorie-Konstruktion und ästhetischer Erfahrung gehen über den Bereich poetischer Texte hinaus und umfassen auch die bildende Kunst, so im Falle Roman Jakobsons die Ästhetik Kasimir Malewitchs; vgl. Jakobson und Pomorska (1982), S. 13 f.

[24] Dass das Thema der Beziehung von Literalität und Wissensgenerierung eine lange Tradition in der Fallgeschichtsschreibung hat, zeigen aus literaturwissenschaftlicher Sicht z. B. die Studien in Wegmann und King (2016). Sofern die Frage ihrer Gewichte überhaupt relevant werden sollte, wird sie sich nur fallweise entscheiden lassen; dann wird u. a. auch der Publikationsort eine Rolle spielen.

7.4.3 Die Reflexion des Themas in den Sozialwissenschaften

In wichtigen Disziplinen der Sozial- und Kulturwissenschaften spielen Fallgeschichten eine Rolle – die methodologische Position und das Ausmaß an Reflexion ihrer sprachlichen Qualität variieren allerdings erheblich. Im Folgenden wird eine sehr kurze Übersicht über vorliegende Reflexionsbeiträge der literarischen Qualität von Fallgeschichten in den Disziplinen Ethnologie, Soziologie und Geschichtswissenschaft sowie in der Psychoanalyse gegeben. Auffällig ist, dass in den genannten Wissenschaften eine Intensivierung dieser Reflexion zwischen 1980 und 2000 stattgefunden hat, danach aber wieder abgeebbt ist. Ob die Debatten zu der Frage sich erschöpft hatten, wie Gottowik für die Ethnologie vermutet (Gottowik 2007, S. 124), oder welche anderen Gründe es gibt, muss an dieser Stelle offenbleiben. Es ist aber zu vermuten, dass – auf dem Hintergrund der Trennung von Wissenschaft und Literatur – der Nachweis literarischer Qualität ihrer Arbeit von Wissenschaftlern und Wissenschaftlerinnen als Kränkung empfunden wird. Außerdem liegt in einem solchen Nachweis auch ein Moment von Entzauberung und Enttäuschung. (Geertz vergleicht dies mit dem Aufdecken des Tricks der zersägten Dame (Geeertz 1988, S. 12): „Exposing how the thing is done is to suggest that, like the lady sawed in half, it isn't done at all" (Geertz 1988, S. 12)). In jedem Fall können die seinerzeitigen Reflexionen und Debatten auch heute mit Gewinn gelesen werden und aus ihnen Gesichtspunkte für eine kritische Betrachtung des Schreibens von Fallgeschichten entwickelt werden.

Ethnographie: Die Writing-Culture-Debatte
In der Ethnologie erfolgte die Thematisierung bzw. Problematisierung der sprachlichen Verfasstheit ethnographischer Texte als Reaktion auf eine Krise des Fachs Ethnologie, eine Krise der Repräsentation.

> „Da ethnographische Beschreibungen offenkundig benennbaren Konventionen folgen, die mit denen in Belletristik und Poesie prinzipiell vergleichbar sind, ließ sich der Anspruch auf eine objektive Darstellung fremder Gesellschaften nicht länger aufrechterhalten. Mit der Infragestellung dieses Anspruches wurde die ‚Krise der ethnographischen Repräsentation' virulent." (Gottowik 2007, S. 126).

Diese Problematisierung erfolgte wesentlich in der sg. *writing-culture*-Debatte, die durch eine gleichnamige Publikation verdichtet befördert wurde[25], einem Sammelband, der lt. Gottowik als „eine der wichtigsten ethnologischen Veröffentlichungen der letzten zwanzig oder dreißig Jahre zu sehen" ist (Gottowik 2007, S. 121) und der eine erhebliche Wirkung auf das Fach hatte[26]. In dieser Debatte ging es neben dem Experimentieren mit neuen innovativen Darstellungspraktiken (z. B. einer „dialogischen Ethnographie") vor allem um eine kritische Reflexion vorliegender ethnographischer Darstellungen.[27] Diese kritische Betrachtung nahm die text-rhetorischen Mittel und die sozio-kulturellen Deutungs- und Rezeptionsrahmen in den Blick, mit denen Ethnographinnen und Ethnographen ihren Texten Glaubwürdigkeit und Autorität verliehen. Darüber hinaus ging es auch um die Darstellung bzw. Nicht-Darstellung von Machtbeziehungen, unter denen die ethnographischen Erhebungen stattfanden. Beispielhaft soll dieser Ansatz anhand einer Studie von Renato Rosaldo aus dem erwähnten Sammelband illustriert werden.

Rosaldo begreift seinen Text als Studie der „anatomy of ethnographic rhetoric" (Rosaldo 1986, S. 77). Er wendet dieses Analyse-Programm auf zwei prominente Texte aus Ethnologie bzw. Geschichtswissenschaft an: die Monographie eines der einflussreichsten Ethnologen des 20. Jahrhunderts, E.E. Evans-Pritchard über die Nuer und die Studie des Historikers E. LeRoyLadurie über die Lebensverhältnisse eines südfranzösischen Dorfes im Mittelalter, Montaillou. Im besonderen interessiert Rosaldo, wie die Machtverhältnisse, unter denen die Beobachtungen bzw. Aufzeichnungen erfolgten (Kolonialismus im ersten, Inquisition im zweiten Fall) in den Texten reflektiert werden. In diesem Zusammenhang geht er u. a. folgenden Fragestellungen nach:

- wie dem Text autoritative Kraft verliehen wird (z. B. „The narrator suggests to his reader that he, the fieldworker, lived through physical and psychological conditions most people could not have survived" (Rosaldo 1986, S. 89 f.)),
- wie die zentralen Figuren des Geschehens sprachlich konstruiert werden,
- ob und wie die Machtverhältnisse, unter denen die Ereignisse, von denen der Text berichtet, zustande gekommen sind, reflektiert werden,

---

[25] Clifford und Marcus (1986). Der Publikation gingen bereits einige Veröffentlichungen voraus, z. B. Marcus und Cushman (1982). Inspiriert wurde die Debatte auch durch Beiträge Clifford Geertz', die dieser einige Jahre später (1988) publizierte.

[26] Für die Diskussion in Deutschland vgl. Berg und Fuchs (1993).

[27] Eine Typologie ethnographischer Darstellungsweisen findet sich in vanNaamen (2011).

- in was für einem „Modus" der Text geschrieben ist und welche Beziehung zwischen diesem Modus und den Machtverhältnissen besteht (z. B. „pastoral mode": „the pastoral mode becomes self-serving because the shepherd symbolizes that point beyond domination where neutral ethnographic truth can collect itself" (Rosaldo 1986, S. 97)),
- wie das Verhältnis von AutorIn zu ErzählerIn zu handelnden Personen bestimmt ist.

Soziologie: Die Geburt der Soziologie aus der Reportage
In der Soziologie ist die Frage nach dem Textcharakter und insbesondere der rhetorischen Qualität empirischer Darstellungen sozialer Wirklichkeit kaum diskutiert worden. In einer Einführung in die soziologische Methodenlehre stellen die Autorinnen fest: „Der soziologische Diskurs tendiert zu einer Marginalisierung der Bedeutung der Textproduktion" (Przyborski und Wohlrab-Sahr 2008, S. 353) und ermahnen ihre Leserschaft, unklar metaphorisierend („an der Grenze"): „,Impressionistische Beschreibungen' liegen an der Grenze zu literarischen Formaten und sollten in der Darstellung wissenschaftlicher Untersuchungen nur an einzelnen ausgewählten Stellen einen Platz finden" (Przyborski und Wohlrab-Sahr 2008, S. 358). Einer der wenigen Beiträge, die sich mit der Frage der suggestiven Qualität soziologischer Texte auseinandersetzt, stammt von Atkinson. Er charakterisiert Goffmans Schreibstil:

> „His appeal seems to rest not on the usual criteria for ‚good' sociology or social psychology. Rather, it derives from the distinctive, not to say unique, persuasive style of his writing. Perhaps more than any other modern sociologist, Goffman's analysis was *rhetorical*, in that it depends so much upon the persuasive power of his written style, the elegance of his use of figures and tropes, and the wit with which he used those resources" (Atkinson 1989, S. 61).

Atkinson stellt fest: „[…] that the persuasive and pleasing force of Goffman's texts derived from his use of *metaphor* and *irony* or *perspective by incongruity"* (Atkinson 1989, S. 62).
     Im deutschsprachigen Bereich finden sich die Monographie von Lindner (1996) zur Chicago-Schule in der Soziologie und Beiträge von Bude (1985, 1993a, b). Lindner zeigt, dass es eine enge Verbindung zwischen einer wichtigen Traditionslinie der Soziologie und literarischen Formen des Schreibens gibt: die sg. Chicago-Schule der Soziologie hatte ihren Ursprung in der literarischen Form der Reportage. Diese Reportage und die damit einhergehende Haltung („be there, keep your eyes open") wurden der Prototyp für ein Verständnis von Soziologie als Forschungsprogramm

sozialer Welten aus unmittelbarer Anschauung. Relevante methodologische Prinzipien wurden aus dem journalistischen Handwerk übernommen. „The sociological field-worker is nothing as a ‚reporter-in-depth'" (Lindner 1996, S. 141).

> „For if the novelist was analogous to the sociologist, so he was to the journalists, the hard-boiled city room reporter or the crusading investigator of social facts, the man who walked in the city, observed, explored, the man who had been there, in the place of experience – the ghetto, the stockyard, the apartment block, the battlefield, the social jungle." (Bradbury 1983, S. 8).[28]

Lindners Ergebnis aufgreifend konstatiert Bude als spezifisch soziologische Form der Erzählung die Reportage[29]. Prägnanten Ausdruck hat diese Textsorte gefunden in den Studien der Chicago-Schule; deren Inspirator, Ezra Park, war – wenig überraschend – Reporter, bevor er Soziologe wurde. Budes Bezugspunkt seiner Betrachtungen ist die literaturwissenschaftliche Erzähltheorie, die er auf soziologische Darstellungen sozialer Phänomene anwendet. Er sieht zwei wesentliche Darstellungsprobleme, die Autoren soziologischer Erzählungen bewältigen müssen. Zum einen ist dies das Problem der Erzeugung von Spannung. Zu diesem Zweck wenden Soziologinnen und Soziologen eine „Verrätselungstechnik" an, durch die Texte eine Detektivgeschichten analoge Struktur erhalten. Eine dieser Techniken ist der „Informationsvorbehalt", der die Leserschaft bis zum Schluss im Unklaren über wichtige Aspekte des berichteten Ereignisses lässt, sodass er dann zum Schluss zu einer überraschenden neuen Lesart des Geschehens kommen kann. Grundsätzlich gilt: „Ein Vorgang ist erklärt, wenn man eine plausible Geschichte davon erzählen kann" (Bude 1993b, S. 415). Das zweite Darstellungsproblem besteht darin, „Wahrhaftigkeitseffekte" zu erzeugen, d. h. deutlich zu machen, dass es sich um eine wahre Geschichte handelt. Dazu dienen wörtliche Zitate von Beteiligten der Geschichte und die Einführung eines Beobachters, der all dies selbst erlebt hat[30]. Die Tücke der soziologischen Erzählung sieht Bude darin, dass soziale Ereignisse nacherzählt werden, in denen „Harmlosigkeit zum Programm" (Bude 1993, S. 425) erhoben wird. Stattdessen müsse deutlich gemacht werden, in welcher Weise das erzählte Ereignis Repräsentant einer soziologischen Kategorie sei.

---

[28] Darauf, dass die Reportage auf literarische Wurzeln zurück zu führen ist, weist Plessen anhand Heine's „Reisebildern" hin (Plessen 1981, S. 18 f.).

[29] Obgleich auch andere Formate zu finden seien (z. B. Novelle, Epos, Portrait).

[30] In der Reputation des glaubwürdigen Beobachters setzt sich die Tradition des Forschers als „honorigem Gentleman" (vgl. z. B. Latour 1995, S. 34) fort.

Geschichtswissenschaft: Hayden White' Metahistory

In der Geschichtswissenschaft hat die Frage nach der literarischen Qualität historischer Werke eine lange Tradition. Evans verweist beispielsweise auf die Studien von Trevelyan und dessen Aktualität: „For a long time Trevelyan's views have seemed deeply unfashionable and out-of-date. Yet an ironic consequence of the postmodernist incursion into history is to make their emphasis on poetry and imagination seem contemporary once more" (Evans 2000, S. 218).

In besonderer Weise wurde die Frage von Hayden White verfolgt. White betreibt das Forschungsprogramm einer Methodologie der Geschichtswissenschaft, einer „Metahistory", das u. a. danach fragt: „Welches sind die möglichen *Formen* historischer Darstellung und welches ihre Grundlagen?" (White 1986, S. 101).[31] Whites zentrale These in Bezug auf diese Frage ist, dass Historiker in ihren Darstellungen geschichtlicher Ereignisse Archetypen des Erzählens folgen, dass das historische Schreibverfahren somit ein „literarisches, d. h. fiktionsbildendes Verfahren" (White 1986, S. 106) ist – ein Umstand, der von Historikern selbst durch die Opposition von Fakt einerseits und Fiktion andererseits verdrängt wird, sodass es unreflektiert im „Zwischenraum" (White 1986, S. 103) von Fiktion und Faktizität – White spricht ironisch von „Bastardgattung" (White 1986, S. 103) – ihre Wirkung entfalten kann.[32]

> „Tatsache ist, daß Geschichte – die reale Welt, wie sie sich in der Zeit entwickelt – in der gleichen Weise sinnvoll gemacht wird, wie der Dichter oder der Romanautor dies versuchen, d. h. indem sie dem, was ursprünglich als problematisch oder geheimnisvoll erscheint, die Gestalt einer erkennbaren, weil vertrauten Form geben. Es spielt keine Rolle, ob die Welt als real oder lediglich vorgestellt wird; die Art der Sinnstiftung (making sense) ist die gleiche" (White 1986, S. 121)

In seiner Bestimmung dieser Archetypen greift White auf Arbeiten des Literaturwissenschaftler Frye zurück, der zwischen Tragödie, Komödie, Romanze und Satire als Grundformen des Erzählens unterschieden hatte. In seiner Studie „Metahistory" wendet White diese Unterscheidung auf wichtige historische Werke des 19. Jahrhunderts an und zeigt, welcher dieser Archetypen dem jeweiligen Werk zugrunde liegt.

---

[31] Zur Bedeutsamkeit seiner Arbeiten vgl. Vann (2002), aktuell Rüsen (2020).

[32] Bezieht sich White bei der Wahl des Ausdrucks „Bastardgattung" ironisch auf Durkheim, der Simmels Philosophie des Geldes als „Bastard-Spekulation" zwischen Künstler und Wissenschaftler gegeißelt hatte, „die uns von den Dingen weder die lebendigen und frischen Empfindungen wiedergibt, die der Künstler erweckt, noch die sauberen Begriffe, nach denen der Wissenschaftler sucht" (zit. nach Lepenies 1985, S. 295)?

Lt. Latour (1995) ist die Bildung solcher – unreflektierter – Zwischenräume aufgrund begrifflicher Oppositionen ein Charakteristikum neuzeitlichen westlichen Denkens.

White macht in seinen Veröffentlichungen immer wieder deutlich, dass es bei seinen Studien nicht nur um ästhetisch relevante Stilfragen geht, sondern dass die Frage der narrativen Struktur („Plotstruktur") wesentlich für die Erkenntnisqualität historischer Darstellungen ist, weil erst diese Struktur zwischen den „Tatsachen" einen kohärenten Sinnzusammenhang herstellt – und dass dieser eben je nach narrativer Struktur unterschiedlich ausfällt.

> „Als potentielle Elemente einer Geschichte betrachtet sind historische Ereignisse wertneutral. Ob sie ihren Platz am Ende in einer tragischen, komischen, romantischen oder ironischen Geschichte (story) finden […] hängt von der Entscheidung des Historikers ab, sie entsprechend den Erfordernissen der einen Plotstruktur oder des einen Mythos statt eines anderen anzuordnen." (White 1986, S. 104 f.).

Nicht nur, dass die Struktur den Zusammenhang bestimmt, die Erzählfolge, gleichsam die Syntax, sondern auch die Ausdrucksweise in der Bezeichnung der Tatsachen, gleichsam die Semantik der Darstellung[33]. Die archetypische Struktur, die der Historiker seiner Darstellung geschichtlicher Ereignisse verleiht, sichert den Rapport zum Leser. Von der jeweils gewählten Struktur hängt ab, „in welcher Richtung wir über die Ereignisse denken sollen und lädt unser Nachdenken über diese Geschehnisse mit verschiedenen emotionalen Valenzen auf" (White 1986, S. 112).

White betont, dass die Arbeit mit poetischen Schreibverfahren die wissenschaftliche Qualität geschichtlicher Darstellungen nicht schmälert[34].

> „Meines Erachtens erfahren wir die ‚Fiktionalisierung' der Geschichte als eine ‚Erklärung' aus demselben Grunde, wie wir große fiktionale Literatur als Erhellung einer Welt, in der wir zusammen mit dem Autor leben, erfahren. In beiden Fällen erkennen wir die Formen, mit denen das Bewußtsein die Welt, in der es sich einrichten will, sowohl konstituiert als auch kolonisiert" (White 1986, S. 121)

Entscheidend ist die kritische Reflexion der eigenen Schreibweise.

---

[33] „Impliziert ist damit, daß die Historiker ihre Gegenstände als mögliche Gegenstände erzählerischer Darstellung allein schon durch die Sprache, die sie für ihre Beschreibung benützen, konstituieren." (White 1986, S. 117). Ein weiterer Gesichtspunkt ist natürlich, dass die Plotstruktur selektiv wirkt, d. h. die Auswahl der „Tatsachen" steuert.

[34] Gleichwohl sah sich White in der Rezeption seiner Arbeiten mit vehementen Angriffen konfrontiert, vgl. Goertz (2001, S. 11 f.), Rüsen (2020). Einen analogen, angstgetriebenen Vorgang im Bereich der Philosophie in Reaktion auf die Arbeiten Richard Rorty's schildern Dreyfus und Taylor (2016, S. 109).

„Es ist dieses Gespür für alternative sprachliche Protokolle [...], das die großen Historiker und Geschichtsphilosophen von ihren weniger interessanten Gegenstücken unter
den Technikern dieser beiden Tätigkeiten unterscheidet." (White 1986, S. 154)

Psychoanalyse – Geschichten mit sakralem Status
In der Psychoanalyse haben Fallgeschichten quasi sakralen Status – jedenfalls wenn
sie von Freud geschrieben worden sind; sie gelten als Grundsteine der Psychoanalyse
(„So erfolgte die Begründung der Psychoanalyse über Fallgeschichten" (Stuhr 2007,
S. 943)) und haben den Status vorbildlichen Anschauungsmaterials im Zuge der
Ausbildung als Lehrgeschichten. Man erkenne ihre Qualität, so die Tochter Freuds,
daran, dass

„[...] Seminarleiter der psychoanalytischen Lehrinstitute deshalb immer noch auf die
kleine Anzahl von früheren Krankengeschichten Freuds zurückgreifen, die sie in der
Literatur vorfinden, und daß die Fallgeschichten Freuds auf diese Weise für Genera-
tionen von Analytikern die Quelle geblieben sind, aus denen sie ihre ersten Kenntnisse
von Hysterie und Zwangsneurose, Phobie und infantiler Neurose, Paranoia, Homose-
xualität usw. beziehen." (A. Freud, zitiert nach Stuhr 2007, S. 950).

Michels konstatiert allerdings, dass die Anzahl dieser Fallgeschichten durchaus
begrenzt ist:

„In short, Freud gave us extended reports of three patients he had analyzed himself –
calling one a ‚fragment', a second ‚notes', and limiting the third to the unraveling
of the patient's infantile neurosis, while telling us that a complete history was ‚tech-
nically impractical' and ‚socially impermissible' and would be unconvincing in any
event" (Michels 2000, S. 357).

Die meisten Fallgeschichten in der psychoanalytischen Community haben den Status von „vignettes or snapshots, rather than full-length accounts" (Michels 2000,
S. 356).

Ungeachtet dessen haben die Geschichten die Funktion der Traditions- und
Identitätssicherung und dienten Freud in wissenschaftspolitischer Funktion als
„Kampfschrift gegen abtrünnige Widersacher oder Gegner der Psychoanalyse"
(Stuhr 2007, S. 948). Diese beiden Funktionen lassen den Textcharakter der
Fallgeschichten nicht unberührt.

Dass seine Fallgeschichten literarischen Charakter besitzen, ist von Freud selbst
konstatiert worden, so in seinem berühmten, vielzitierten Bekenntnis „[...] und
es berührt mich selbst noch eigentümlich, daß die Krankengeschichten, die ich
schreibe, *wie Novellen zu lesen sind*" (Breuer und Freud 1977, S. 227), aber auch
an anderer entlegenerer Stelle: In den Studien über Hysterie „gab [Freud] am

Ende zu, seine Behandlungsgeschichten läsen sich wie Romane" (Mahony 1989, S. 122)[35]. Stuhr interpretiert die erste Stelle noch deutlicher: „Entgegen seiner ärztlich-naturwissenschaftlichen Haltung glaubt er, daß Krankengeschichten *dann* zu einer adäquaten Abbildung der Leidensgeschichte und der daraus resultierenden Symptome führen, *wenn* sie wie Novellen erzählt werden." (Stuhr 2007, S. 944, u.H.).[36] Freud selber hatte die notwendig narrative Qualität der Fallgeschichte schon damit begründet, „daß für dieses Ergebnis die Natur des Gegenstandes offenbar eher verantwortlich zu machen ist als meine Vorliebe" (Breuer und Freud 1977, S. 227). Stuhr erläutert: „Denn unserem Forschungsgegenstand ist eigentümlich, daß seine relevanten Aspekte wegen der psychischen, meist unbewußten Abwehrleistung der Menschen latent, dynamisch und überdeterminiert sind" (Stuhr 2007, S. 953) und an anderer Stelle: „Wir können einiges nur erzählend beschreiben, und ich meine damit nicht nur ‚das Unbewußte', sondern den gesamten Aspekt der Paradoxien, die sich der formalen Logik […] entziehen" (Stuhr 2007, S. 957). In der Freud folgenden Diskussion der Fallgeschichte wurde deren literarische Qualität zunächst nur unter dem Gesichtspunkt ihres didaktischen Einsatzes als Ausbildungsmaterial betrachtet mit der Empfehlung, sie sollten geschrieben werden als „[…] vivid description of our work" (Stein 1988, S. 115). Michels (2000) stellt ihre poetische Qualität pointiert fest:

> „As a result, most of the classic case histories used in analytic teaching are like reconstructed histories of childhood or like grammar school textbooks of history – as dramatic and engaging as possible, telling a story that makes a point, whether it be the textbook account of the grandeur of the Founding Fathers and the nation they constructed, the psychoanalytic reconstruction of the burdens of childhood and the heroic struggle to overcome them, or the teacher's report of the provocative and challenging problems of transference and resistance, the initial entanglement with them, and the eventual recognition, understanding, final escape, and simultaneous liberation of the patient. We all know that the real events of history, childhood, or analysis may not have happened quite that way, but the good teacher tells a story that is designed to be vivid and useful for the student's education, not to replicate exactly the experience of being present at the real event. Can anyone recall Freud's describing a

---

[35] Mahony bezieht sich auf die Standard Edition (SE) 2, XXIV, mit dem Hinweis, dass diese Passage in den Gsammelten Werken nicht enthalten ist. Marcus (1985) weist in seiner literaturwissenschaftlichen Analyse des „Bruchstück einer Hysterieanalyse" detailliert nach, dass Freud sich zur Zeit der Veröffentlichung 1905 schon vom Autor von Novellen zum modernen Schriftsteller entwickelt hat.

[36] Das Freud-Zitat selbst, auf das sich Stuhr hier bezieht, lässt diesen Rückschluss allerdings nicht zu. Jedoch argumentiert Keitel (1986, S. 94 ff.) aus literaturwissenschaftlicher Perspektive dafür, dass psychoanalytische Falldarstellungen aufgrund der komplexen Zeitstruktur ihres Gegenstandes narrative Elemente enthalten *müssen*.

dream he was unable to understand or interpret, or a case that failed to ‚make a point'?
[...] As Tuckett (1983) puts it, ‚The more a narrative is intellectually, emotionally and aesthetically satisfying, the better it incorporates clinical events into rich and sophisticated patters, the less space is left to the audience to notice alternative patterns and to elaborate alternative narratives'(p. 1183). A story that is too well told conceals the uncertainty and ambiguity of the real world" (Michels 2000, S. 362 f.).[37]

Im Zuge einer massiven methodologischen Kritik und insbes. dem Erstarken einer evidenz-orientierten Therapie-Evaluation erfolgte die Debatte dann auch unter dem Gesichtspunkt der Erkenntnisleistung der Fallgeschichte[38]. Stuhr fragt denn auch, wie unter den gegenwärtig (2007) dominierenden evidenz-orientierten Kriterien therapeutischer Wirksamkeit „die Fallgeschichte zu retten sein wird" (Stuhr 2007, S. 956).[39]

In Abb. 7.1 ist eine Übersicht über Gegenstände und Debattenverläufe in den diskutierten Disziplinen zu sehen.

---

[37] Ein interessanter Fall sind französische psychoanalytische Fallgeschichten, vgl. Weber (2009): „Serge Leclaire beginnt den ersten seiner ‚Drei Fälle von Zwangsneurose' wie eine orientalische Erzählung [...] Manchmal wird versucht, durch Bezug auf literarische Elemente die Reflexion des Schreibens und die Konstruktion des Falls als Geschichte zu unterstützen: Aulangier überschreibt ihre Fallgeschichten mit ‚Histoires pleines de silence et de fureurs' und verweist damit auf Faulkners damals populäres ‚Bruites et fureurs'. Beim Lesen von Maud Mannoni (1970) glaubt man, bei einer Visite in einer psychiatrischen Einrichtung dabei zu sein. Eine Vignette von Anzieu (1990) ist einem Text Becketts nachgebaut, enthält innere Monologe unterbrochen durch ein ‚Bing', bei dem man entscheiden darf, ob es sich um ein Geräusch oder eine Leerstelle handelt, bei der ein geistiger ‚Sprung' stattfindet" (Weber 2009, S. 123 f.).

[38] Zu dieser Debatte vgl. zusammenfassend mit Literaturhinweisen Warsitz und Küchenhoff (2015, S. 81 ff.).

[39] Meyer (1994) hält die Fallgeschichte schon aus disziplin-internen Gründen für „unwissenschaftlich und antipsychoanalytisch" (Meyer 1994, S. 79) und plädiert vehement für die Ersetzung der Fallgeschichte durch die „Interaktionsgeschichte". Allerdings verwechselt Meyer Gattung (Novelle) mit Gegenstand (Kranken-, Behandlungs- und Interaktionsgeschichte) und schießt damit am Ziel vorbei. Sein Text ist ein schönes Beispiel für die Verwechslung von Erkenntnis- mit Schreibproblematik, auf die Geertz hingewiesen hatte (s. o.).

Disziplin	Gegenstände	Untersuchungsgesichtspunkte	Verlauf	untersuchte Autoren	Protagonisten
Geschichtswissenschaft	Erzählungen von historischen Ereigniszusammenhängen	sozio-kulturelle Gattungen Syntax u. Semantik von Erzählungen	Marginalisierung	Michelet, Ranke, Burckhard,	White
Ethnologie	ethnographische Beschreibungen	Rezeptionsmuster textrhetorische Mittel Machtbeziehungen	Debatte („writing culture") nun abgeebbt	Mead, Evans-Pritchard, Geertz, Malinowski, Levi-Strauss	Geertz, Clifford, Marcus u.a.
Soziologie	Schilderungen sozialer Welten	Reportage-Charakter	ohne Resonanz	Park, Autoren d. Chicago-Schule	Bude
Psychoanalyse	Fall-Geschichten	Novellen-Charakter Roman-Charakter	fortlaufende Debatte	Freud	Stuhr, Mahony, Meyer u.a.

Abb. 7.1 Untersuchungsgegenstände, Untersuchungsgesichtspunkte, Ergebnisse und Autoren narrativer Betrachtung in verschiedenen Disziplinen

7.5 Methodische Gesichtspunkte für das Schreiben von Interaktionsgeschichten

Die soweit erfolgte Erörterung in diesem Kapitel hat gezeigt, dass zum einen die Diskussion des Problems der Datenrepräsentation in der Interaktionsforschung zu komplexen, montageförmigen, interpretativ angereicherten Repräsentationsweisen geführt hat – der Anspruch verlagert sich von der Dokumentation auf die kunstvolle Weise, im Text die kommunikative Wirklichkeit darzustellen, und dass sich zum zweiten die literarische Qualität sozial- und kulturwissenschaftlicher Darstellungen als wesentliche Ressource wissenschaftlicher Erkenntnisse (und keineswegs als „unwissenschaftlich") erwiesen hat. Der Schwerpunkt der analytischen Anstrengung verschiebt sich damit von der möglichst genauen Dokumentation der Daten zu einer möglichst überzeugenden Darstellung der Geschichte.

Ein instruktiver Fall ist die bereits erwähnte Studie von Fassin (2021). Fassin war es aus rechtlichen Gründen nicht möglich, die Dokumente, auf die er sich in seiner Rekonstruktion stützte, zu veröffentlichen. Stattdessen: „I have integrated them into the accounts I have put together and the counter-invesigation I have conducted. The published archive therefore comprises not raw material but, rather, narratives and analyses drawn from it. As far as the narratives are concerned, the reconstitution of the various versions is akin to the literary form of the non-fiction novel" (Fassin 2021, S. xvi)[40]. Fassin verzichtet m. a. W. auf die Dokumentation und konzentriert seine Anstrengungen auf die Einarbeitung des Materials in (mit diesem Material) überzeugende Texte.

In Konsequenz dieser Befunde kann für die Erarbeitung von Interaktionsgeschichten auf das gesamte Ausdrucksrepertoire der Darstellung von Geschichten zurückgegriffen werden, wie es im Bereich der Narratologie systematisch aufbereitet worden ist (vgl. z. B. Vogt 2006; Petersen 1993). Dieser Ansatz eröffnet die Möglichkeit, interaktives Geschehen in seiner Komplexität und seiner Unmittelbarkeit zu erfassen. Er erlaubt es, interaktives Geschehen nicht (nur) – künstlich – als ein fremdes Objekt zu behandeln (zu exotisieren), sondern das Moment des Vertrauten für den analytischen Umgang mit in Rechnung zu stellen – die Treue des Verstehens kann gewahrt werden.

Gängige (wie auch innovative) Bauelemente der Erzählung (gleichsam der „Katalog der Praktiken", Plessen 1981, S. 58) bilden das Instrumentarium des methodischen Ansatzes der Interaktionsgeschichte. Das reiche Ausdrucksrepertoire der Erzählkultur erlaubt es,

---

[40] Fassin verweist auf Capote's Studie „Kaltblütig" (2007).

- durch „kaleidoskopische" (Lämmert 2007, S. 106) Darstellung sowohl der Sequentialität als auch der Simultaneität interaktiven Geschehens gerecht zu werden[41],

- durch Wechsel des *Erzählverhaltensmusters* (auktoriale Erzählung, Ich-Erzählung, etc.) sowohl analytische Perspektiven wie auch subjektive Perspektiven der Beteiligten zur Geltung zu bringen[42],

- durch das *auktoriale Erzählmuster* die Qualität der Unmittelbarkeit des interaktiven Geschehens zu erfassen,

- durch Techniken der *Zeitdehnung* wie auch der *Zeitraffung* prozedurale Momente herauszuarbeiten, Momente, die sich in landläufigen Dokumentationsweisen (Stills, etc.) nur äußerst unzureichend darstellen lassen,

- durch *Montagetechniken* einen wesentlichen Interaktionsaspekt, die Multiperspektivität der Interaktion, und darüber hinaus das für Interaktion konstitutive Moment des in sich widersprüchlichen Zusammenhangs schlechthin zu berücksichtigen[43],

- durch die grammatisch-stilistische Bauform der *erlebten Rede* implizit wirksame normativ-kulturelle Vorstellungen und Wertungen und leitende Konzepte für die jeweilige Interaktion (Handlungsmaximen) darzustellen (vgl. Stierle 1977, S. 220)[44],

- durch eine besondere Schreibweise Charakteristika des Falles zum Ausdruck zu bringen, den Fall gleichsam zu poetisieren,[45]

---

[41] Das Phänomen, dass sich bei Beteiligung mehrerer Personen mehrere Handlungsstränge entfalten, ist in der Erzählforschung lange bekannt (vgl. Lämmert 1955). „Vermehren sich die Stränge, so treten räumliche Ordnungen und Personenkreise immer stärker an die Stelle der zeitlichen Ordnungsmacht" (Lämmert 2007, S. 106).

[42] Buch (1971) verweist exemplarisch auf Schreibtechniken bei Kafka, durch die die geschilderten Vorgänge „[...] in eine neue Unmittelbarkeit gerückt werden" (Buch 1971, S. 234).

[43] Zur Bedeutung der Montage als Technik zur Darstellung moderner gesellschaftlicher Phänomene in ihrer Widersprüchlichkeit vgl. schon die Literaturdebatte in den 30er Jahren zwischen Lucács auf der einen Seite und Ottwalt und Brecht (1967b) auf der anderen; vgl. Plessen (1981) und Buch (1971). Montagtechniken erlauben auch das Einbinden anderer Formen der Dokumentation, z. B. Transkripte, Standbilder, etc. Diese erhalten aber aufgrund ihrer Einbindung einen anderen Status als den des Daten-Dokuments in der Gesprächsanalyse: „sie [die non-fiction novelists] rekapitulieren ihre Unterlagen nicht einfach, sondern inszenieren sie" (Plessen 1981, S. 119 f.) mit weiteren Ausführungen in Bezug auf Hans Mayer zur „Authentizität von Dokumenten als Ideologie".

[44] Vgl. auch Vogt, der auf den Einsatz erlebter Rede als Verfahren erzählerischer Ideologiekritik bei Robert Musil hinweist (Vogt 2006, S. 174 f.)

[45] So führt z. B. Kluge (1962) in „Ein Liebesversuch" die gewaltsam bürokratisch-szientifistische Transformation eines Liebesaktes in einem faschistischen Menschenversuch durch seine bürokratisch gehaltene Darstellung vor.

- durch Wahl eines passenden *Schreibstils* (ironisch, exotisierend, objektivierend) und die Makrostruktur des Textes (s. o. White 1986) die Haltung des Autors zum Gegenstand zum Ausdruck bringen,[46]
- durch besondere *Stilmittel* besondere Momente der Interaktion zum Ausdruck zu bringen, z. B. durch Fragen Mehrdeutigkeiten im Geschehen in ihrer Ambivalenz präsent zu halten statt sie durch Konstativa zu eliminieren, oder durch Verfremdungen suggestiven Wirkungen Ausdruck zu verleihen, so z. B. die unmittelbare Präsenz von Wirkungen durch ihre Darstellung im Muster eines Appells[47], durch Metaphern, z. B. wenn Gesprächsbeiträge als Geschosse charakterisiert werden oder durch Telegrammstil als Darstellungsmittel für Momente des *stream of consciousness,* durch Wiederholung oder syntaktische Verkürzung die Relevanz von Gesichtspunkten, etc.[48]

---

[46] So setzt Kracauer in den „Angestellten" in seiner ironisierenden Darstellung Formen wie Apercu, Wortwitz und Anekdote als Darstellungsmittel ein.

[47] So als besonders gelungenes Beispiel Nathalie Sarrautes Darstellung der Auswirkungen einer Gesprächsbemerkung auf die Empfindungen der angesprochenen Person („Ihre Worte brachten sie auf die Beine"):

„Und da erheben sich mühsam jene, die sich schon so lange nicht mehr gerührt haben, sie sind ganz steif, sie schleppen sich dahin, stellen sich in Reih und Glied ... Das ‚Ah!', das sie ausstoßen, zeigt deutlich, daß sie da sind... Schattengestalten, Todeskandidaten...‚Ah!' wie ein Ausatmen, ein Hauch ist ihre Antwort, als sie namentlich aufgerufen werden ... [...] ... Neid ... sie notiert: Zur Stelle ...‚Ach ja.' ... Frustration: Zur Stelle ...‚Ach ja.' Demütigung: Zur Stelle ...‚Ach!' ... Verpfuschtes Leben: Zur Stelle., Ach!' ... Pech: Zur Stelle ...‚Ach?' Niete/ohne Talent ... Das Unglück, niemals eine derartige Liebe erlebt zu haben ... Na? Nicht zur Stelle? Wie ist das möglich?‚Fabelhafte Kinder, alle gut gelungen', na da endlich, natürlich war es da, sie erkennt es, ein schwacher Seufzer genügt ihr ... Ah ... Ungerechtigkeit, Bitterkeit: Zur Stelle. Sie hakt beides auf ihrer List ab. Nicht ein einziger fehlt beim Appell .... Beim Appell? Ja, beim Appell, sie wurden aufgerufen. Von ihr. Ihre Worte brachten sie auf die Beine ... ein Trompetenstoß, so laut und so lang wie nötig ... Sie schliefen alle, sie hatten es anfangs nicht richtig gehört [...] aber sehr bald sind sie vollends erwacht, sind aufgestanden ... haben geantwortet, denn sie wußte ja, daß sie diese da zur Antwort zwingen würde ... Sie waren da, das wußte sie, sie war gekommen, um diese da zu wecken, darum war sie gekommen, um sie zum Aufstehen zu zwingen" (Sarraute 1997, S. 60 f.)

[48] Brodersen hat auf der Grundlage von Kracauers Literatur-Besprechungen dessen Schreibprogramm zusammengestellt: „Es müsse *Rhythmus* und *Klang* besitzen, *transparent* sein, *mit kurzen Perioden* arbeiten und die *Satzteile* klar miteinander verschränken. Es dürfe *nicht in der bloßen Mitteilung stecken* bleiben, sondern habe den Inhalt mit zu setzen, wobei sich der Autor gewisser Geheimmittel bedienen dürfe, wie *etwa: Die Verschiebung des Sinnakzents vom Hauptsatz au den Nebensatz, die Herstellung von Satzkonstellationen, in denen ein fahrlässig behandeltes Wort seinem gewohnten Gebrauch enthoben wird und nun fremd leuchtet wie eine Perle im Dreck"* (Brodersen 2001, S. 63 f., kursiv Zitate aus Kracauertexten ohne Quellenangabe von Brodersen). Brodersen betont die Nähe der Kracauerschen Erzähltechnik zum Film, „[...] Charaktetistika eines Erzählweks, bei dessen Entstehung zweifelsohne

Im Folgenden eine Zuordnung von Bauformen des Erzählens zu den aufgeführten Gesichtspunkten sozialer Interaktion aus Abschn. 7.1:

Charakteristika sozialer Interaktion	Bauformen des Erzählens
Beitragsverschränkung	auktoriale Erzählung
Unmittelbarkeit	Metaphern („Die Bemerkung trieb ihn an den Rand eines Abgrunds")
Interaktionsdynamik	auktoriale Erzählung, Zeitraffer, Zeitlupe
Schemata und Konstruktionen	erlebte Rede
Paradoxa und Antinomien	erlebte Rede, innerer Dialog
Mehrfachdeterminiertheit	Fragen („Ist es jetzt … oder …?")
Perspektivenverschränkung	fiktiver Dialog, innerer Dialog, Montagetechnik
Flüchtigkeit des Geschehens	auktoriale Erzählung

Zu Beginn dieses Kapitels hatten wir den Anspruch formuliert, einen Vorschlag zur Beschreibung interaktiver Wirklichkeit zu machen, durch den diese Wirklichkeit mitgeteilt und wieder-gegeben werden kann. *Mit-teilen* meinen wir in dem Sinn, dass Gesellschaftsmitgliedern Momente ihres Erlebens nicht durch den Rekurs auf ihre Pläne und Absichten, sondern durch die – notwendig rekonstruktiv verfahrende – sprachliche Entfaltung ihrer Verstrickung in Interaktionsgeschichten zum erhellenden Nachvollzug angeboten wird. Mit *Wieder-geben* meinen wir die durch sprachlich-poetische Verdichtung zu Interaktionsgeschichten erreichbare (Wieder-)Aneignung des vergangenen eigenen Erlebens und Handelns als eines, das durch die gesellschaftliche Verfasstheit sozialer Interaktion einschließlich ihrer Widersprüchlichkeit ebenso bestimmt wird wie durch die Intentionen, Pläne und die Wissensbestände der Akteure, sodass diese zu einem angemessenen Verständnis ihres Handelns und der Bedingungen, unter denen sie über ihr Handeln verfügen, gelangen können.

Techniken wie die des Bildschnitts, der Bildmontage und des Flashbacks Pate gestanden haben" (Brodersen 2001, S. 64 f.).

Die Deutung der Interaktion und ihre Lücken

Unsere Überlegungen zu einer Theorie des kommunikativen Realismus nahmen ihren Ausgang bei einer Kritik des sinn-semantischen Kommunikationsverständnisses. Die „gesellschaftliche Konstruktion der Wirklichkeit" bedarf, so sahen wir, einer Neufundierung auf der Grundlage der „Welthaltigkeit" von Intersubjektivität und einer Neubestimmung des Ortes von Konstruktionen und Deutungsmustern im Verhältnis zu dieser. Mit Scheler haben wir argumentiert, dass Konstruktionen notwendig Täuschungsrichtungen mit sich führen, die Kommunikation auf Zeichenproduktion auf der einen Seite und subjektives Wissen als Grundlage der Zeichendeutung auf der anderen Seite reduzieren. Diese Täuschungen entwickeln sich im Verhältnis zu den Erlebensweisen des Mitvollzugs von Kommunikation. Individuen erleben Sozialität jedoch in „echter Einsfühlung", indem sie das kommunikative Geschehen selbst mitvollziehen, oder indem sie den Anderen als Anderen im Fokus auf *dessen* ausgedrückte Gefühle erfassen. Damit ist der Konstruktivismus nicht passé, er wird aber neu verortet. Die von ihm erfassten Konstruktionen, Typiken und Deutungsmuster beschreiben keine personalen Erlebensweisen, sondern pragmatisch gekürzte und generalisierte Beschreibungsformeln von „jedermanns" Erlebensweisen, die in der Kommunikation (mit Scheler: bildinhaltlich) sowohl sozial abgeleitet als auch sozial bestätigt wurden (so auch Schütz 1972b; Luhmann 2004).

Diesem Spannungsverhältnis zwischen Erleben und pragmatischen Beschreibungsgrößen wollen wir uns abschließend exemplarisch an drei Fällen pragmatischer Konzepte noch einmal widmen:

- einem Konzept dafür, wie man in Kommunikation in Verbindung miteinander kommt: Empathie
- einem Konzept dafür, wie Kommunikation geschieht: Aushandlung
- einem Konzept dafür, worum es in Kommunikation geht: Sinn.

W. Pfab und M. Klemm, *Einführung in die Theorie des Kommunikativen Realismus*, https://doi.org/10.1007/978-3-658-37776-2_8

Es handelt sich bei diesen drei Größen um wirkmächtige Gesichtspunkte, die die Reflexion von Erleben und Verhalten im kommunikativen Alltag, insbesondere in deutenden Praktiken, in starkem Maße bestimmen können, weil sie sich in einer langen sozio-kulturellen Tradition herausgebildet haben und gesellschaftlich kongruent sind, das heißt auch, kongruent zu den sozio-ökonomischen und kulturellen Widersprüchen, die moderne Gesellschaften prägen, und ihren strukturellen Machtverhältnissen.[1] Diese Wirkmächtigkeit geht sehr tief. Die Gesichtspunkte stellen, um mit Wittgenstein zu sprechen, Bilder dar, die uns gefangen halten (Wittgenstein 2003, § 115). Mit ihnen sind Phantasien und Sehnsüchte verbunden. Auch darauf beruht ihre Wirkmächtigkeit.

Wir verstehen unsere Überlegungen zum kommunikativen Realismus auch als Korrektive, mit deren Hilfe wir mit dem Ziel der gesellschaftlichen Selbstverständigung diese Wirkmächtigkeit neu zu bestimmen und zu positionieren versuchen[2]. Denn Wirkmächtigkeit umfasst auch, dass tiefsitzende Vorstellungen gelingender Interaktion, wenn sie theoriefähig werden, selber zu Elementen sozialer Kontrolle gerinnen können oder zur ideologischen Abstützung des Gegebenen.

8.1 „Empathie"

Das Konzept der Empathie nimmt eine zentrale Stellung im Diskurs der abendländischen Moderne ein. Es gilt als ausgemacht, dass Empathie eine notwendige Bedingung gelingender Kommunikation ist. Die vehemente Kritik, die Schütz, Scheler, Benjamin, Brecht u. a. an dem Konzept geübt haben (s. o. Abschn. 4.1) hat seine Attraktivität im Selbstverständigungsdiskurs über Kommunikation nicht geschmälert. Diese Attraktivität hat sich in einem Prozess herausgebildet, an dem bestimmte Strömungen der Psychologie, insbes. die sg. humanistische Psychologie mit ihren therapeutischen Akzentuierungen maßgeblich beteiligt waren, der aber auch sehr schnell in Bereiche der Betriebswirtschaft und des Managements übergriff (vgl. Illouz 2009, S. 105 ff.). In Teilen der soziologischen Kommunikationswissenschaft gilt die empathische Perspektivenübernahme in der Einstellung der zweiten Person als Fundament gelingender Vergemeinschaftung in Interaktionsbeziehungen und darüber hinaus sogar als quasi-anthropologische Verankerung des Strebens nach Gerechtigkeit: Weil wir unser Selbstbild nur im

---

[1] Vgl. exemplarisch Hanks (1990); Hendon (2000).

[2] Wir verfolgen damit – wie in der Einleitung schon geschrieben – in Hinblick auf *Kommunikationstheorie* ein ähnliches Programm, wie es Dreyfus und Taylor (2016) in der „Wiedergewinnung des Realismus" im Hinblick auf *Erkenntnistheorie* entfaltet haben.

Durchgang durch Spiegelungsprozesse mit Anderen gewinnen können, lässt sich das historische Telos gesellschaftlicher Entwicklung darin bestimmen, wie sie diesem Vorgang zur weiteren Entfaltung in allen gesellschaftlichen Handlungssphären verhilft (z. B. Honneth 2015, S. 128 f.). Mittlerweile hat die Idee der Empathie in den wesentlichen Segmenten der Gesellschaft Fuß gefasst und wurde durch die Entdeckung der sg. Spiegelneuronen mit dem Status biologischer Menschennatur geadelt, im Sinne einer biologischen Prädisposition zu altruistischem Verhalten. Entsprechend ist Empathie aus der unübersehbaren Fülle von Ratgebern und Trainings zum Thema Kommunikation nicht mehr wegzudenken und besitzt inzwischen interaktionsnormative Qualität.

Empathie bezeichnet das Kunststück, auf der Grundlage einer Vorstellung von Kommunikation als Geschehen zwischen autonomen unverbundenen Individuen eine Verbindung zwischen diesen Singularitäten zustande zu bringen, eine Verbindung, die, wie Scheler, Straus, Merleau-Ponty, Dreyfus und Taylor u. a. gezeigt haben, tatsächlich auf einer anderen Seinsschicht von Kommunikation erfolgt, in der die Kommunikationsbeteiligten allerdings einen anderen Status haben, einen Status, der mit einem modernen Verständnis des Selbst nicht vereinbar ist.

Dabei besteht die Paradoxie von Empathie darin, dass Empathie, wie Heidegger u. a. gezeigt haben, an die Position des Zuschauers gebunden ist, also gerade an die Position der Distanz. Empathie entspringt also einer Sehnsucht nach Verbindung unter gedanklichen Bedingungen, unter denen eine solche Verbindung undenkbar ist. Empathie wird damit Moment des magischen Denkens moderner Subjekte. Folgerichtig hat Breithaupt (2009) in einer Analyse der vorliegenden Empathie-Literatur noch einmal hervorgehoben, dass das Fühlen an der Stelle des Gegenübers (einschließlich einer damit angenommenen Ähnlichkeitsunterstellung) bei Lichte betrachtet nicht als Träger einer positiven, wechselseitig zugewandten Einstellung von Individuen taugt: „Wer sich mit einem anderen identifiziert, gleicht ihn sich an" (Breithaupt 2009, S. 177). Diese Angleichung muss sich keinesfalls in positiven Attitüden erschöpfen, sie kann gleichermaßen Schadenfreude und andere Einstellungen umfassen (Breithaupt 2009, S. 8).

Scheler, Schütz und andere haben sich entschieden (und offenbar: nur begrenzt erfolgreich) gegen diese Verkürzung verwahrt. Sie hatten den Ort dessen, was im rezenten Empathiediskurs gemeint ist, im praktischen, fühlenden Mitvollzug lokalisiert, nicht aber in den Einstellungen der Beteiligten. Der von Scheler bevorzugte Ausdruck des Mitgefühls bezeichnet entsprechend die unmittelbare Erfassung der Gefühlslage des oder der Anderen als einer besonderen und eigenständigen Gefühlslage, die sich von der eigenen qualitativ unterscheidet, die also das Gegenüber als anderer Person sichtbar macht.

Breithaupt charakterisiert Empathie als „narrativ". Empathie ist Verstehen durch (gedankliches) Erzählen. Erfasst wird das Gegenüber nicht durch das unmittelbare Erleben in der gemeinsamen Interaktion, sondern im distanzierenden Modus durch die Selektion und (sinnhafte!) Sortierung, dessen, was am Ausdruck des oder der Anderen als positiv erachtet wird und geschätzt werden soll. Narrative Empathie zollt Achtung um den Preis einer anderen Seite, die als kalt, abweisend und unmenschlich diskreditiert wird: „Die emotionale Nähe zu dem einen zieht insofern sekundär die Ausgrenzung des Dritten nach sich. Die auf Empathie gegründete Gemeinschaft generiert mithin notwendig stets auch Außenseiter und Feindbilder" (Breithaupt 2009, S. 191)

Empathie als narrative Sinnform, d. h. die Forderung nach einer zugewandten Haltung im Umgang miteinander reiht sich so gesehen ein in die Rationalisierung des emotionalen Ausdrucksverhaltens v. a. in institutionellen Umwelten wie etwa an Arbeitsplätzen, in Schulklassen oder in Beziehungen. Ein Blick in das breite, wenn nicht ausufernde Angebot an Ratgebern, Trainings und Literatur zum Thema verrät, dass diese gar nicht an die Innerlichkeit der Personen appellieren, sondern dass dort Ausdrucksweisen und Sprechschablonen vermittelt werden, deren Einübung und Einhaltung z. B. „Wertschätzung" oder „Offenheit" vermitteln *sollen* (zur Kritik an einem auf Sprechhandlungen reduzierten Konzept der Offenheit: Furedi 2021, S. 30 ff.). Umgekehrt sollen die verwendeten, narrativierten Ausdrucksweisen die damit verbundenen Gefühle in der Sprecherin oder im Sprecher für das Gegenüber wecken. Schließlich werden so Erlebens- und Ausdrucksweisen von und in Interaktionen, die den gewünschten positiven Attitüden nicht folgen, delegitimiert. Das oben angesprochene magische Denken der Verbindung zweier unverbundener Akteure mündet so gesehen ein in die Zurichtung und Standardisierung des Ausdrucksverhaltens.

8.2   „Aushandlung"

Eine weitere zentrale Konstruktion der Betrachtung sozialer Interaktion ist das Konzept der „Aushandlung". In ihm wird die Art und Weise, in der Interaktionsteilnehmer miteinander kommunizieren, gefasst. Aushandlungen zeichnen sich durch eine Doppelstruktur aus:

„Einerseits sind sie kooperativ, insofern sie im aufeinander bezogenen Wechselspiel der Beteiligten erfolgen, gleichzeitig sind sie aber auch kompetitiv, weil die Beteiligten in diesen Prozessen ihre partikulären Interessen durchzusetzen versuchen. In einer solchen konstruktivistischen Sichtweise werden im Grund alle sozialen Phänomene als Gegenstand bzw. Resultat von Aushandlungsprozessen begriffen: Soziale Identitäten werden ebenso ausgehandelt wie Geschlecht, Bedeutungen von Äußerungen, Geltung von Behauptungen, Relevanzen von Setzungen – oder auch Macht" (Nothdurft 2007b, S. 27).

Diesem Konzept von Aushandlung liegt die Vorstellung autonomer Handelnder zugrunde, die kraft individueller Handlungsfreiheit und interpersoneller Gleichheit Interaktionsergebnisse herstellen, seien dies nun Entscheidungen, Verabredungen, Urteile, Beurteilungen.

Diese Vorstellung hat sich im Zuge eines zivilisatorischen Prozesses in westlichen Gesellschaften durchgesetzt, an dem ökonomische, soziale, rechtliche und philosophische Kräfte beteiligt waren, und durch die ein enormer Zivilisationsschub in Gang gesetzt wurde. Die Vorstellung findet ihren prägnanten Ausdruck in der Philosophie von John Locke (vgl. Taylor 1992; Nothdurft 2008). Ein historisch einschneidendes Ereignis war die Veröffentlichung der Naturrechtsvorstellungen von Hubert deGroot, erstmals publiziert 1625. Mit diesen Vorstellungen wurde der Umgang von Subjekten miteinander in einem Vertragsmodell konzipiert und ermöglichte damit eine neue Erfahrung von Kommunikation.

„Die Möglichkeit einer neuen ‚Erfahrung' […] von Kommunikation (Austausch der Wörter im interpersonalen Raum) […] muß man aus der juridischen Institutionalisierung jenes interpersonalen Raums selbst begreifen, die das Naturrecht eben in dieser Zeit zu formulieren beginnt." (Campe 1990, S. 144 f.), prototypisch am Handlungsmuster des „Versprechens" erkennbar: Wurde in der Barock-Rhetorik das Versprechen noch als Angelegenheit situativer Kontingenz verstanden („[…] wenn es gelegen wäre/wenn sich thun liesse" (so der Barockautor Weise, zit. in Beetz 1990, S. 138)), erhielt es jetzt den Status einer persönlichen moralischen Verpflichtung.

In der vor-neuzeitlichen Welt

„[…] hatte Kommunikation den Charakter eines kontinuierlichen Austauschs ritueller Handlungen der Beteiligten zur Bestätigung und Festigung ihrer Beziehungen im Rahmen ihres Sozialverbandes – Kommunikation hatte damit Gaben-Charakter. Für diesen Gaben-Charakter – dies zeigt die ethnologische Forschung (Hénaf 2009 im Anschluss an Mauss 2019, urspr. 1923) ist das Moment des Geschenks (bis hin zur Verschwendung z. B. in Gestalt von Festen), der Wechselhaftigkeit und der symbolischen Qualität entscheidend. Im Zuge der Ökonomisierung von Kommunikation wird dieser Austausch von Gaben zum Tausch von Zeichen (vgl. Formigari 1993). Nun legt man Worte auf die Goldwaage und überführt Lügner der verbalen Falschmünzerei. ‚Das Bürgertum', so formuliert die Kommunikationshistorikerin Averbeck-Lietz (2015, S. 112) hintersinnig, ‚[…] handelt kommunikativ'" (W.Pfab 2021, S. 69 f.).

Im 20. Jhdt. gewinnt dieses Subjekt-Modell dann, wie Goffman nicht müde wird zu betonen, sakralen Status: Der Mensch der Moderne „[...] schreitet mit Würde einher und ist Empfänger vieler kleiner Opfer" (Goffman 1971, S. 105).

Die Vorstellung des Handelns (sic!) von Gesellschaftsmitgliedern wurde mit dem Vertragsmodell auf der moralischen Ebene von Interaktion verankert – mit weitreichenden Folgen für das Verständnis sozialer Interaktion:

- Die Präsenz von Machtverhältnissen und von suggestiven Mechanismen geriet aus dem Blick – sie bildete den dunklen Fleck auf dem Vertragsbild, und konnte sich faktisch auf der Ebene unmittelbaren Geschehens sozialer Interaktion umso freier entfalten lassen, wie das obige Beispiel des Meisterrundgangs eindringlich illustriert (s. o., Abschn. 6.1).
- Mit der Vorstellung von Verhandlung (später: Aushandlung) ist die Vorstellung eines *Ergebnisses* einer Interaktion verbunden, sodass in der interaktionstheoretischen Forschung gerne von „Herstellung" oder „Ausarbeitung" geschrieben wird, z. B. „die *Herstellung* einer Einigung in einem Schlichtungsgespräch", „die *Ausarbeitung* des Problems in einem Beratungsgespräch". Gegenstände, die in Interaktion hergestellt werden, z. B. Urteile, sind real in ihren Auswirkungen, weil sie in gesellschaftliche Machtprozesse eingebunden sind, und fiktional in ihrer Form, weil sie im Zustandekommen von den Präsuppositionen der Interaktion mitbestimmt werden.

Der Bezug auf Moral erklärt auch, warum Macht nicht erfasst wird. Zwar gelten in diesem Sinne Verträge, die durch Zwang zustande gekommen sind, als nichtig, weil unmoralisch (sittenwidrig) zustande gekommen. Die gleichsam epistemologisch motivierte Bezeichnung von kommunikativen Beziehungen als Aushandlung der Bedeutung der Resultate dieser Beziehungen verkennt jedoch, dass Kommunikation der Anwendung von Macht nicht entgegengesetzt ist. Macht drückt sich etwa darin aus, ein Resultat als Ergebnis von Aushandlungen *erscheinen* lassen zu können, dessen Folgen die Machtunterlegenen nicht nur, z. B. als Mehrarbeit, einseitig zu spüren bekommen, sondern auch über dessen genuine Bedeutung sie sich einen Reim machen müssen. Der Anthropologe Graeber hält die ungleiche Verteilung von Interpretationslasten von Situationsdefinitionen in der sozialen Welt für eine zentrale Dimension von Macht und Herrschaft:

„Those on the bottom of the heap have to spend a great deal of imaginative energy trying to understand the social dynamics that surround them – including having to imagine the perspectives of those on top – while the latter can wander about lagerly oblivous to much of what is going around them. That is, the powerless do not only end up doing most of the actual, physical labor required to keep society running, they also do most of the interpretative labor as well" (Graeber 2016, S. 81).

Vor diesem Hintergrund droht die Beschreibung des Interaktionsgeschehens als Aushandlung eine Fiktion symmetrischer Beziehungen zu befördern, die so in der Wirklichkeit nicht existieren. Zudem reproduziert dieses Konzept auf Interaktionsebene neoliberale Ideen gesamtgesellschaftlicher Verfasstheit, vgl. Lepenies 2022.

8.3 „Sinn"

Zu Beginn unserer Ausführungen hatten wir schon die Attraktivität des Begriffs des Sinns erläutert – seine Korrespondenz zu Leitideen der westlichen Moderne (zum „Diskurs der Selbstbeweihräucherung", wie Dreyfus und Taylor schreiben, vgl. Abschn. 2.2.2) und seine Verführungskraft durch sein Versprechen der Erfüllung der Phantasie von Herrschaft und Macht (vgl. Abschn. 2.2.3).

Im Bereich der Sozialwissenschaften war es maßgeblich und zugleich missverstanden Max Weber, der in seinem Ringen mit dem Historismus auf der einen und den sich entwickelnden nomologischen Handlungstheorien auf der anderen Seite darum bemüht war, idealtypische, historisch prägende Motivstrukturen zu entdecken, die den Strom der Ereignisse in sinnförmige Einheiten überführen. Die Seufzer, der „Fluch der Ruderer in den Galeeren" (Luhmann 1993, S. 19), ja, das affektive Handeln insgesamt, schienen für Weber bedeutungslos, flüchtig, erkenntnismäßig weder erfassbar noch relevant (Weber 1988). *Maßgeblich* war er, weil er mit seinem Sinn-Begriff sozialwissenschaftliches Denken des 20. Jhdts. prägte (s. o., Kap. 1 das Geertz-Zitat). *Missverstanden* war er, weil gerade sein Sinn-Begriff aus dem spezifischen Kontext der Historismus-Debatte, d. h. aus einer methodologischen Auseinandersetzung, gelöst und als das zentrale Moment von Sozialität hypostasiert wurde. Diese Hypothek prägt den sinn-semantischen Diskurs bis heute.

Demgegenüber muss es darum gehen, das Erleben bzw. die Erfahrung aus der Fixierung auf die das „Eigentliche" anstrebende Erkenntnis zu lösen und auf die freilich notwendige prozessuale, sich im Zugriff verflüchtigende Breite und Tiefe der gemeinschaftlich betriebenen Kommunikation umzustellen. Dies forderte Erwin Straus schon 1935 in seinem Werk „Der Sinn der Sinne". Ebenso geht es in interaktionstheoretischer Sicht darum, Sprache nicht primär als kognitives Reflexionsinstrument (Begründungen von Überzeugungen) zu betrachten, sondern vorrangig als Bestandteil sozialer Interaktion. Dann geht es nicht primär

um Richtigkeit, sondern um Stimmigkeit, um gesellschaftliche Bedingtheit, um
Berührt-Werden. Die gegenwärtige Reflexionskultur von Kommunikation (wie
wir über Kommunikation denken und reden) ist auf die moralische Ebene von
Kommunikation bezogen – wie wir miteinander umgehen (anständig, unwürdig),
und lässt die anderen Ebenen von Kommunikation außer Acht.

Interaktionsphänomene wie Suggestion, Verführung, Reiz etc. entziehen sich
dem sinn-semantischen Diskurs, z. B. das Phänomen des Seufzers: „Der Seufzer
der Erleichterung – wie der kummervolle Seufzer – drückt eine Situation aus;
er versucht nicht, irgendeine Handlung hervorzubringen" (Straus 1980, S. 159).
Bei einer Vielzahl interaktiver Momente gibt es nichts zu deuten – hier geht
es um das, was erregt, „[…] was reizt, was verlockt, was herausfordert, was
fasziniert, was schreckt, was entsetzt, was bezaubert, was betört, was unmittelbar ansteckt" (W.Pfab 2021, S. 111). Ihre Logik ist nicht die der Ordnung, so
Baudrillard, „[…] sondern die der Unmittelbarkeit. […] Die unmittelbare Anzie-
hungskraft des Gesangs, der Stimme, des Duftes" (Baudrillard 2012, S. 87). Sie
kann der sinn-semantische Diskurs nicht fassen; er ist ihnen gegenüber fassungs-
los. Entsprechend vehement geht er ihnen gegenüber vor – Baudrillard schreibt:
wie ein „Bilderstürmer" (2012, S. 69). „Durch den Sinn soll der Schein, die Täuschung, die Verführung gerade aufgehoben werden und der ‚tiefere Sinn‘, das,
was es ‚wirklich‘ ist, festgestellt und festgehalten werden. Die Seite von Kommunikation, die der Präsenzdiskurs hervorhebt, wird als manipulativ, als dämonisch
gebrandmarkt – ein Zeichen dafür, dass der Präsenzdiskurs irritierend ist" (W.Pfab
2021, S. 113). Dieser Präsenzdiskurs erfasst die Seinsschicht, die sich „zwischen" kausalen Beeinflussungen einerseits und gedanklichen Überzeugungen
(Konstruktionen) andererseits befindet. Max Scheler hat sie herausgearbeitet.
Unser Leben – und damit kommen wir nun abschließend noch einmal auf Dreyfus
und Taylor zurück – spielt sich „[…] in einem vorbegrifflichen, aber Verstehen
beinhaltenden Verhältnis" zu unserer Umgebung ab (Dreyfus und Taylor 2016,
S. 138). In dieser Seinsschicht bilden wir unsere Erfahrungen und wir können
sie auch *nur in dieser* Seinsschicht bilden. „Wir behaupten, daß unsere proposi-
tional geformten Überzeugungen erst entstehen können, wenn es als Basis eine
vorgeordnete, ‚ursprünglichere‘, epistemisch ergiebige Art des Kontakts mit der
Welt gibt, die vorpropositional und zum Teil sogar vorbegrifflich ist" (Dreyfus
und Taylor 2016, S. 139). Die Wahrnehmung „[…] stützt sich auf epistemische
Fertigkeiten und Formen des Verstehens, die unterhalb der Ebene der Über-
zeugungsbildung und häufig unabhängig von dieser Ebene wirksam werden"
(Dreyfus und Taylor 2016, S. 165). Ihr Ort ist die soziale Interaktion – und
nicht „das Innere" des einzelnen Akteurs. Das *begriffliche* Moment interaktiven
Handelns und der Erfahrung ist Handeln und Erfahrung nicht inhärent, sondern

entsteht erst in bestimmten Interaktionssituationen, solchen, die durch Momente von Reflexion oder des Bemühens um Erkenntnis oder des Zwangs zur Rechtfertigung bestimmt sind. In ihnen findet dann erst eine Verbegrifflichung der Erfahrung und des Handelns statt, mit all den Täuschungen, auf die wir in Kap. 3 eingegangen sind. Diese begrifflichen Momente sind gesellschaftliche Stereotypisierungen und Konstruktionen. Sie sind in zweifacher Weise Verkürzungen der Interaktion auf den Sinn: zum einen, weil diese Konstruktionen als in der Interaktion präsent betrachtet werden und ihre pragmatisch bedingte ebenso wie die historisch aufgeschichtete Konstitution ignoriert wird, und zum zweiten, weil diese Konstruktionen das interaktive Geschehen auf ihren Sinngehalt reduzieren. Für ihre kommunikationswissenschaftliche Untersuchung ist nicht nur wesentlich, wie sie zustande kommen, sondern auch, was ihnen entgeht: die Schicht unmittelbarer Wechselseitigkeit in der Interaktion, das „gewöhnliche Zurechtkommen" (Dreyfus und Taylor 2016, passim).

Richtig ist: Sprache und Artikulationsvermögen erweitern den Horizont. Sie abstrahieren vom Erleben und sie erzeugen eine Distanz zwischen dem Sprechenden und dem Gesprochenen wie zwischen der Welt und dem Gesagten. Richtig ist aber auch: Durch die Sprache und das Sprechen geht die unmittelbare Welt der gemeinsamen Praxis nicht verloren. Akteure werden nicht nur über den versprachlichten und verbegrifflichten Sinn miteinander verbunden. Die Theorie des kommunikativen Realismus leugnet die Klammer des Sinnes nicht, die es erlaubt, miteinander übereinander zu sprechen, aber sie betont, dass noch das Übereinander-Sprechen nur im praktischen Mitvollzug möglich ist.

Literatur

Agamben, Giorgio. 2010. *Das Sakrament der Sprache. Eine Archäologie des Eides.* Berlin: Suhrkamp.

Atkinson, Paul. 1989. Goffman's poetics. *Human Studies* 12:59–76.

Auer, Peter. 2020. Die Struktur von Redebeiträgen und die Organisation des Sprecherwechsels. In *Einführung in die Konversationsanalyse*, Hrsg. K. Birkner, P. Auer, A. Bauer, und H. Kotthoff, 106–235. Berlin: deGruyter.

Austin, John. 1986. *Gesammelte philosophische Aufsätze.* Stuttgart: Reclam.

Averbeck-Lietz, Stefanie. 2015. *Soziologie der Kommunikation.* München: Oldenbourg.

Ayaß, Ruth. 2015. Doing data: The status of transcripts in conversation analysis. *Discourse Studies* 17(5):505–528.

Bachtin, Michael. 1981. Discourse in the novel. In *The dialogic imagination*, Hrsg. M. Holmquist, 259–422. Austin: University of Texas Press.

Bataille, George. 1999. *Die innere Erfahrung nebst Methode der Meditation und Postskriptum.* Berlin: Matthes & Seitz. (urspr. 1944).

Baudrillard, Jean. 2012. *Von der Verführung.* Berlin: Matthes & Seitz.

Bauman, Richard. 1986. *Story, performance, and event.* Cambridge: Cambridge University Press.

Bauman, Richard, und Charles Briggs. 1990. Poetics and performance as critical perspectives on language and social life. *American Review Anthropology* 19:59–88.

Beebe, Beatrice, und Frank Lachmann. 2004. *Säuglingsforschung und die Psychotherapie Erwachsener. Wie Interaktive Prozesse entstehen und zu Veränderungen führen.* Stuttgart: Klett-Cotta.

Beetz, Manfred. 1990. *Frühmoderne Höflichkeit.* Stuttgart: Metzler.

Benjamin, Walter. 1972. Rezension von Oskar Walzel, Das Wortkunstwerk. In *Gesammelte Schriften III*, Hrsg. H. Tiedemann-Bartels, 50–51. Frankfurt a. M.: Suhrkamp. (urspr. 1926).

Benjamin, Walter. 1990. Der Erzähler. In *Gesammelte Schriften II. Frühe Arbeiten zur Bildungs- und Kulturkritik*, Hrsg. R. Tiedemann und H. Schweppenhäuser, 438–464. Frankfurt a. M.: Suhrkamp. (urspr. 1936).

Berens, Franz-Josef. 1976. *Projekt Dialogstrukturen.* München: Hueber.

Berg, Eberhard, und Martin Fuchs, Hrsg. 1993. *Kultur, soziale Praxis, Text. Die Krise der ethnographischen Repräsentation.* Frankfurt a. M.: Suhrkamp.

© Der/die Herausgeber bzw. der/die Autor(en), exklusiv lizenziert an Springer Fachmedien Wiesbaden GmbH, ein Teil von Springer Nature 2022
W. Pfab und M. Klemm, *Einführung in die Theorie des Kommunikativen Realismus,* https://doi.org/10.1007/978-3-658-37776-2

Berger, Peter, und Thomas Luckmann. 1977. *Die gesellschaftliche Konstruktion der Wirklichkeit*. Frankfurt a. M.: Fischer.

Birkner, Karin. 2020. Grundlegendes. In *Einführung in die Konversationsanalyse*, Hrsg. K. Birkner, P. Auer, A. Bauer, und H. Kotthoff, 7–31. Berlin: deGruyter.

Bliesener, Thomas, und Karl Köhle. 1986. *Die ärztliche Visite. Chance zum Gespräch*. Opladen: Westdeutscher.

Blumenberg, Hans. 1981. *Die Lesbarkeit der Welt*. Frankfurt a. M.: Suhrkamp.

Böhme, Gernot. 2006. *Architektur und Atmosphäre*. München: Fink.

Borgards, Robert. 2007. *Poetik des Schmerzes*. München: Fink.

Borgards, Robert, Harald Neumeyer, Nicola Pethes, und Yvonne Wübben, Hrsg. 2013. *Literatur und Wissen. Ein interdisziplinäres Handbuch*. Darmstadt: Wissenschaftliche Buchgesellschaft.

Bourdieu, Pierre. 1979. *Entwurf einer Theorie der Praxis*. Frankfurt a. M.: Suhrkamp.

Bourdieu, Pierre. 1992a. *Rede und Antwort*. Frankfurt a. M.: Suhrkamp.

Bourdieu, Pierre. 1992b. *Was heißt sprechen?: Zur Ökonomie des sprachlichen Tausches*, 2. Aufl. Wien: Braunmüller.

Bradbury, Malcolm. 1983. *The modern American novel*. Oxford: Oxford University Press.

Breuer, Josef und Freud, Sigmund. 1977. Studien über Hysterie. In *Sigmund Freud Gesammelte Werke Bd. 1.*, Hrsg. A. Freud, 75-312, Frankfurt a. M.: Fischer. (urspr. 1895).

Bourdieu, Pierre. 2017. *Sprache. Schriften zur Kultursoziologie 1*. Berlin: Suhrkamp.

Brandom, Robert B. 2001. *Begründen und Begreifen. Eine Einführung in den Inferentialismus*. Berlin: Suhrkamp.

Brecht, Bertolt. 1967a. Über experimentelles Theater. In *Gesammelte Werke, Bd. XV*, Hrsg. E. Hauptmann, 285–305. Frankfurt a. M.: Suhrkamp. (urspr. 1939).

Brecht, Bertolt. 1967b. Bemerkungen zu einem Aufsatz. In *Gesammelte Werke, Bd. XIX*, Hrsg. E. Hauptmann, 308–312. Frankfurt a. M.: Suhrkamp. (urspr. nach 1936).

Breithaupt, Fritz. 2009. *Kulturen der Empathie*. Frankfurt a. M.: Suhrkamp.

Brodersen, Momme. 2001. *Siegfried Kracauer*. Reinbek: Rowohlt.

Buch, Hans Christoph. 1971. *„Ut Pictura Poiesis" Die Beschreibungsliteratur und ihre Kritiker von Lessing bis Lucács*. München: Hanser.

Bude, Heinz. 1985. Der Sozialforscher als Narrationsanimateur. Kritische Anmerkungen zu einer erzähltheoretischen Fundierung der interpretativen Sozialforschung. *Kölner Zeitschrift für Soziologie und Sozialpsychologie* 37:327–336.

Bude, Heinz. 1993a. Freud als Novellist. In *Die Fallgeschichte: Beiträge zu ihrer Bedeutung als Forschungsinstrument*, Hrsg. U. Stuhr und F.W. Deneke, 3-16. Heidelberg: Asanger.

Bude, Heinz. 1993b. Die soziologische Erzählung. In *„Wirklichkeit" im Deutungsprozess*, Hrsg. T. Jung und S. Dohm, 409–429. Frankfurt a. M.: Suhrkamp.

Bühler, Karl. 1999. *Sprachtheorie*. Stuttgart: Fischer (urspr. 1934).

Campe, Rüdiger. 1990. *Affekt und Ausdruck. Zur Umwandlung der literarischen Rede im 17. und 18. Jahrhundert*. Tübingen: Niemeyer.

Capote, Truman. 2007. *Kaltblütig*. Zürich: Kein & Aber.

Cassirer, Ernst. 2002. *Der Mythus des Staates*. Hamburg: Meiner. (urspr. 1949).

Chemers, Anthony, und Stephan Käufer. 2016. Pragmatism, phenomenology, and extended cognition. In *Pragmatism and embodied cognitive science*, Hrsg. L. Madzia und M. Jung, 57-72. Berlin: deGruyter.

Cicourel, Aaron V. 2012. Die ambivalente Beziehung zwischen Ethnomethodologie, Konversationsanalyse und der Mainstream-Soziologie in Nordamerika: Ein persönlicher Bericht. In *Sozialität in slow motion*, Hrsg. R. Ayaß und Ch. Meyer, 111–131. Wiesbaden: Springer.

Clark, Andy, und Chalmers, David. 2013. Der ausgedehnte Geist. In *Philosophie der Verkörperung*, Hrsg. J. Fingerhut, R. Hufendick, und M. Wild, Berlin: Suhrkamp.

Clifford, James. 1988. *The predicament of culture*. Harvard University Press.

Clifford, James, und George Marcus, Hrsg. 1986. *Writing culture. The poetics and politics of ethnography*. Berkeley: University of California Press.

Deppermann, Arnulf. 2008. *Gespräche analysieren*. Wiesbaden: VS.

Deppermann, Arnulf, und Jürgen. Streeck. 2018. The body in interaction: Its multiple modalities and temporalities. In *Time in embodied interaction*, Hrsg. A. Deppermann und J. Streeck, 1–29. Amsterdam: Benjamins.

Devereux, George. 1967. *From anxiety to method in the behavioral sciences*. Paris: Mouton.

Dewey, John. 1979. *Experience and Education*. New York: Collier. (urspr. 1938)

Dolar, Mladen. 2014. *His Master's Voice. Eine Theorie der Stimme*. Frankfurt a. M.: Suhrkamp.

Donald, Marlin. 2008. *Triumph des Bewusstseins. Die Evolution des menschlichen Geistes*. Stuttgart: Klett-Cotta.

Dreyfus, Hubert, und Charles Taylor. 2016. *Die Wiedergewinnung des Realismus*. Berlin: Suhrkamp.

Durkheim, Émile. 1981. *Die elementaren Formen des religiösen Lebens*. Frankfurt a. M.: Suhrkamp. (urspr. 1912).

Eagleton, Terry. 1983. *Literary theory*. Oxford: Oxford University Press.

Eberle, Thomas S. 2000. *Lebensweltanalyse und Handlungstheorie*. Konstanz: UVK.

Erickson, Frederick. 1988. Ethnographic description. In *Sociolinguistics/Soziolinguistik*, Bd. 1 Hrsg. U. Ammon, et al., 1081–1095. Berlin: deGruyter.

Evans, Richard. 2000. *In defense of history*. New York: Norton.

Fassin, Didier. 2021. *Death of a traveller. A counter-investigation*. London: Polity.

Felman, Shoshana. 2003. *The scandal of the speaking body. Don Joan with J.L.Austin, or seduction in two languages*. Stanford: Stanford University Press.

Fischer, Joachim. 2008. *Philosophische Anthropologie. Eine Denkrichtung des 20. Jahrhunderts*. Freiburg i. Br.: Alber.

Formigari, Lisa. 1993. *Signs, science, and politics*. Amsterdam: Benjamins.

Foucault, Michel. 1974. *Die Ordnung der Dinge: eine Archäologie der Humanwissenschaften*, 12. Aufl. Frankfurt a. M.: Suhrkamp.

Foucault, Michel. 2007. *Die Ordnung des Diskurses. Mit einem Essay von Ralf Konersmann*, 10. Aufl. Frankfurt a. M.: Fischer.

Foucault, Michel. 2016. *Der Fall Rivière*. Frankfurt a. M.: Suhrkamp.

Franck, Dorothea. 1989. Zweimal in den gleichen Fluß steigen? Überlegungen zu einer reflexiven, prozeßorientierten Gesprächsanalyse. *Zeitschrift für Phonetik, Sprachwissenschaft, Kommunikationsforschung* 42:162–167.

Fuchs, Thomas. 2009. *Das Gehirn – ein Beziehungsorgan*, 2. Aufl. Stuttgart: Kohlhammer.

Fuchs, Thomas. 2017. Im Kontakt mit der Wirklichkeit. Wahrnehmung als Interaktion. In *Anthropologie der Wahrnehmung*, Hrsg. M. Schlette, Th. Fuchs, und A.M. Kirchner, 109–139. Heidelberg: Winter.

Fuchs, Thomas, und Hanne de Jaegher. 2009. Enactive intersubjectivity: Participatory sense-making and mutual incorporation. *Phenomenology and the Cognitive Sciences* 8:465–486.

Furedi, Frank. 2021. *Why borders matter. Why humanity must relearn the art of drawing boundaries.* London: Routledge.

Gallagher, Shaun. 2005. *How the body shapes the mind.* Oxford: Oxford University Press.

Gallagher, Shaun. 2008. Direct perception in the intersubjective context. *Consciousness and Cognition* 17:535–543.

Gallagher, Shaun. 2016. Pragmatic interventions and enactive and extended conceptions of cognition. In *Pragmatism and embodied cognitive science*, Hrsg. L. Madzia und M. Jung, 17–34. Berlin: deGruyter.

Geertz, Clifford. 1973. *The interpretation of culture.* New York: Basic Books.

Geertz, Clifford. 1983. Blurred Genres. The refiguration of social thought. In *Local knowledge*, Hrsg. C. Geertz , 19–35. New York: Basic Books.

Geertz, Clifford. 1988. *Works and lives. The anthropologist as author.* Stanford: Stanford University Press.

Gehlen, Arnold. 1993. Der Mensch: Seine Natur und seine Stellung in der Welt. In *Gesamtausgabe 3.1*, Hrsg. K. Rehberg, Frankfurt a. M.: Klostermann. (urspr. 1940).

Ghosh, Ranjan, und Ethan Kleinberg, Hrsg. 2013. *Presence. Philosophy, history, and cultural theory for the twenty-first century.* Ithaca: Cornell University Press.

Gibson, J. 1982. *Wahrnehmung und Umwelt: Der ökologische Ansatz in der visuellen Wahrnehmung.* München: Urban & Schwarzenberg.

Giddens, Anthony. 1995. *Die Konstitution der Gesellschaft. Grundzüge einer Theorie der Strukturierung.* Frankfurt a. M.: Campus.

Ginzburg, Carlo. 1991. *Der Richter und der Historiker: Überlegungen zum Fall Sofri.* Berlin: Wagenbach.

Glaser, Barney, und Strauss, Anselm. 1974. *Interaktion mit Sterbenden.* Göttingen: Vandenhoek & Ruprecht.

Glasl, Friedrich. 2013. *Konfliktmanagment*, 11. Aufl. Bern: Haupt.

Goertz, Hans-Jürgen. 2001. *Unsichere Geschichte.* Stuttgart: Reclam.

Goffman, Erving. 1971. *Interaktionsrituale. Über Verhalten in direkter Kommunikation.* Frankfurt a. M.: Suhrkamp.

Goffman, Erving. 1973. *Interaktion: Spaß am Spiel, Rollendistanz.* München: Piper.

Goffman, Erving. 1979. Footing. *Semiotica* 25:1–29.

Goldstein, Kurt. 2014. *Der Aufbau des Organismus.* Paderborn: Fink.

Goodwin, Charles. 2007. Interactive footing. In *Reporting talk: Reported speech in interaction*, Hrsg. E. Holt und R. Clift, 16–46. Cambridge: Cambridge University Press.

Gottowik, Volker. 2007. Zwischen dichter und dünner Beschreibung: Clifford Geertz´ Beitrag zur *writing-culture*-Debatte. In *Kulturwissenschaften*, Hrsg. J. Därmann und C. Damme, 119–142. München: Fink.

Gracián, Balthasar. 2015. *Handorakel und die Kunst der Weltklugheit.* Stuttgart: Reclam. (urspr. 1647).

Gracián, Balthasar. 2001. *Das Criticon*, 2. Aufl. Zürich: Klostermann. (urspr. 1651–1657).

Graeber, David. 2016. Dead zones of the imagination. An essay on structural stupidity. In *The Utopia of rules. On technology, stupidity and the secret joys of bureaucracy*, Hrsg. D, Graeber, 45–104. Brooklyn: Melville.

Gugutzer, Robert. 2012. *Verkörperungen des Sozialen: Neophänomenologische Grundlagen und soziologische Analysen*. Bielefeld: transkript.

Gumbrecht, Hans Ulrich. 1988. Rhythmus und Sinn. In *Materialität der Kommunikation*, Hrsg. H.U. Gumbrecht und K.L. Pfeiffer, 714–729. Frankfurt a. M.: Suhrkamp.

Gumbrecht, Hans Ulrich. 2004. *Diesseits der Hermeneutik. Die Produktion von Präsenz*. Frankfurt a. M.: Suhrkamp.

Gumbrecht, Hans-Ulrich. 2012. *Präsenz*. Frankfurt a. M.: Suhrkamp.

Gumbrecht, Hans Ulrich, und Karl Ludwig Pfeiffer, Hrsg. 1988. *Materialität der Kommunikation*. Frankfurt a. M.: Suhrkamp.

Habermas, Jürgen. 2009. Handlungen, Sprechakte, sprachlich vermittelte Interaktionen und Lebenswelt. In *Sprachtheoretische Grundlegung der Soziologie. Philosophische Texte Band 1*, Hrsg. J. Habermas, 197–242. Frankfurt a. M.: Suhrkamp.

Habermas, Jürgen. 2012. *Nachmetaphysisches Denken II. Aufsätze und Repliken*. Berlin: Suhrkamp.

Hanks, William. 1990. *Referential practice: Language and lived space among the maya*. Chicago: University of Chicago Press.

Haugeland, John. 2013. Der verkörperte und eingebettete Geist. In *Philosophie der Verkörperung*, Hrsg. J. Fingerhut, R. Hufendick, und M. Wild, 105–143. Berlin: Suhrkamp.

Heidtmann, Daniela, und Marie-Joan Föh. 2007. Verbale Abstinenz als Form interaktiver Beteiligung. In *Koordination*, Hrsg. R. Schmitt, 263–292. Tübingen: Narr.

Helmer, John. 1971. Sagen und Meinen: Das Problem der Referenz in der sprachsoziologischen Theorie. In *Kölner Zeitschrift für Soziologie und Sozialpsychologie, Sonderheft 15: Zur Soziologie der Sprache*. 66–72.

Hénaff, Marcel. 2009. *Der Preis der Wahrheit. Gabe, Geld und Philosophie*. Frankfurt a. M.: Suhrkamp.

Hendon, Julia. 2000. Having and holding: Storage, memory, knowledge, and social relations. *American Anthropologist* 102:42–53.

Hirschauer, Stefan. 2001. Ethnographisches Schreiben und die Schweigsamkeit des Sozialen. *Zeitschrift für Soziologie* 30:429–451.

Hollier, Denis. 2012. *Das Collège de Sociologie*. Frankfurt a. M.: Suhrkamp.

Honneth, Axel. 2015. *Die Idee des Sozialismus*. Berlin: Suhrkamp.

Husserl, Edmund. 1995. *Cartesianische Meditationen*. Hamburg: Meiner. (urspr. 1929).

Illouz, Eva. 2009. Vom Homo oeconomicus zum Homo communicans. In *Die Errettung der modernen Seele. Therapien, Gefühle und die Kultur der Selbsthilfe*, Hrsg. E. Illouz, 105–180. Berlin: Suhrkamp.

Imo, Wolfgang, und Jens Philipp Lanwer. 2019. *Interaktionale Linguistik*. Stuttgart: Metzler.

Jakobson, Roman, und Krystyna Pomorska. 1982. *Poesie und Grammatik*. Frankfurt a. M.: Suhrkamp.

Janich, Peter. 1996. *Konstruktivismus und Naturerkenntnis. Auf dem Weg zum Kulturalismus*. Frankfurt a. M.: Suhrkamp.

Jefferson, Gail. 2004. Glossary of transcript symbols with an introduction. In *Conversation analysis*, Hrsg. G.H. Lerner, 13–31. Amsterdam: Benjamins.

Joas, Hans. 2011. *Die Sakralität der Person. Eine neue Genealogie der Menschenrechte*. Frankfurt a. M.: Suhrkamp.

Joas, Hans. 2017. *Die Macht des Heiligen. Eine Alternative zur Geschichte von der Entzauberung*. Berlin: Suhrkamp.

Jung, Matthias. 2009. *Der bewusste Ausdruck. Anthropologie der Artikulation*. Berlin: deGruyter.

Kafka, Franz. 1992. [9] Es war der erste Spatenstich. In *Franz Kafka. Schriften Tagebücher Briefe. Kritische Ausgabe. Nachgelassene Schriften. Bd II*, Hrsg. G. Born, et al., 223–362. Frankfurt a. M.: Fischer. (urspr. 1920).

Keitel, Eveline. 1986. *Psychopathographien*. Heidelberg: Winter.

Wegmann, Thomas und Martina King, Hrsg. 2016. *Fallgeschichte(n) als Narrativ zwischen Literatur und Wissen*. Innsbruck: Innsbruck University Press.

Klemm, Matthias. 2010. *Das Handeln der Systeme. Soziologie jenseits des Schismas von Handlungs- und Systemtheorie*. Bielefeld: transkript.

Klemm, Matthias. 2019. Was heißt Handeln? Mitvollzug, praktische Erfahrung und kommunikative Systeme in der Hermeneutischen Wissenssoziologie. In *Kritik der Hermeneutischen Wissenssoziologie*, Hrsg. R. Hitzler, J. Reichertz, und N. Schröer, 203–214. Weinheim: Beltz.

Kluge, Alexander. 1962. Ein Liebesversuch. In *Lebensläufe*, Hrsg. A. Kluge, 133–136. Stuttgart: Goverts.

Knoblauch, Hubert. 2013. Grundbegriffe und Aufgaben des kommunikativen Konstruktivismus. In *Kommunikativer Konstruktivismus*, Hrsg. R. Keller, et al., 25–47. Wiesbaden: VS.

Kohli, Martin. 1994. Altern in soziologischer Perspektive. In *Alter und Altern. Ein interdisziplinärer Studientext zur Gerontologie*, Hrsg. P. Baltes, J. Mittelstraß, und U. Staudinger, 231–259. Berlin: deGruyter.

Koschorke, Albrecht. 2003. *Körperströme und Schriftverkehr*, 2. Aufl. München: Fink.

Kracauer, Siegfried. 1971. Geschichte – vor den letzten Dingen. In *Schriften 4*, Hrsg. I. Mülder-Bach et al., 15–202. Frankfurt a. M.: Suhrkamp.

Kracauer, Siegfried. 1978. Die Angestellten. In *Schriften I*, Hrsg. I. Milder-Bach et al., 203–304. Frankfurt a. M.: Suhrkamp.

Kracauer, Siegfried. 1996. Berliner Nebeneinander. Zürich: Edition Epoche.

Krämer, Sybille. 1998. Sprache – Stimme – Schrift: Sieben Thesen über Performativität als Medialität. In *Kulturen des Performativen*, Hrsg. E. Fischer-Lichte und D. Kolesch, 33–57. Berlin: Akademie.

Krämer, Sybille. 2006. Die ‚Rehabilitierung der Stimme‘ über die Oralität hinaus. In *Stimme – Annäherung an ein Phänomen*, Hrsg. D. Kolesch und S. Krämer, 269–295. Frankfurt a. M.: Suhrkamp.

Krämer, Sybille, und Marcus Stahlhut. 2001. Das „Performative" als Thema der Sprach- und Kulturphilosophie. *Paragrana* 10:35–64.

Labov, William, und David Fanshel. 1977. *Therapeutic discourse*. New York: Norton.

Lämmert, Eberhard. 1955. *Bauformen des Erzählens*. Stuttgart: Metzler.

Lämmert, Eberhard. 2007. Grundtypen des Erzählvorgangs. In *Die Welt der Geschichten*, Hrsg. A. Mentzer und U. Sonnenschein, 104–109. Frankfurt a. M.: Fischer.

Laing, Ronald D. 1972. *Knoten*. Reinbek: Rowohlt.

Laing, Ronald D., Herbert Phillipson, und A. Russell Lee. 1971. *Interpersonelle Wahrnehmung*. Frankfurt a. M.: Suhrkamp.

Latour, Bruno. 1995. *Wir sind nie modern gewesen. Versuch einer symmetrischen Anthropologie*. Berlin: Akademie.

Lefebvre, Henri. 2008. *The production of space*. London: Blackwell.

Lejeune, Phillipe. 1994. *Der autobiographische Pakt.* Frankfurt a. M.: Suhrkamp.

Lepenies, Philipp. 2022. *Verbot und Verzicht. Politik aus dem Geiste des Unterlassens.* Berlin: Suhrkamp

Lepenies, Wolf. 1985. *Die drei Kulturen.* München: Hanser.

Levine, George. 1988. *Darwin and the novelists. Pattern of science in victorian fiction.* Chicago: University of Chicago Press.

Lindner, Rolf. 1996. *The reportage of urban culture. Robert Park and the Chicago school.* Cambridge: Cambridge University Press.

Linke, Angelika. 2008. Kommunikation, Kultur und Vergesellschaftung. Überlegungen zu einer Kulturgeschichte der Kommunikation. In *Sprache – Kognition – Kultur*, Hrsg. H. Kämper und L. Eichinger, 24–50. Berlin: deGruyter.

Lucács, Georg. 1971. *Werke, Bd. 4 (Essays über Realismus).* Neuwied: Luchterhand.

Luckmann, Thomas. 1999. Wirklichkeiten: individuelle Konstitution und soziale Konstruktion. In *Hermeneutische Wissenssoziologie*, Hrsg. R. Hitzler, et al., 17–28. Konstanz: KUV.

Luhmann, Niklas. 1987. *Soziale Systeme. Grundriß einer allgemeinen Theorie.* Frankfurt a. M.: Suhrkamp.

Luhmann, Niklas. 1993. *Gesellschaftsstruktur und Semantik. Studien zur Wissenssoziologie der modernen Gesellschaft Band 1.* Frankfurt a. M.: Suhrkamp.

Luhmann, Niklas. 1995. Wahrnehmung und Kommunikation sexueller Interessen. In *Soziologische Aufklärung 6*, Hrsg. N. Luhmann, 189–203. Opladen: Westdeutscher.

Luhmann, Niklas. 1998. *Die Gesellschaft der Gesellschaft.* Frankfurt a. M.: Suhrkamp.

Luhmann, Niklas. 2002. *Die Religion der Gesellschaft. Herausgegeben von André Kieserling.* Frankfurt a. M.: Suhrkamp.

Luhmann, Niklas. 2004. *Die Realität der Massenmedien*, 3. Aufl. Wiesbaden: Springer.

Mahony, Patrick. 1989. *Der Schriftsteller Sigmund Freud.* Frankfurt a. M.: Suhrkamp.

Mannheim, Karl. 1995. *Ideologie und Utopie.* Frankfurt a. M.: Vittorio Klostermann.

Marcus, George, und Dick Cushman. 1982. Ethnographies as text. *Annual Review of Anthropology* 11:25–69.

Marcus, Steven. 1985. Freud and Dora. In *Dora´s case: Freud, hysteria, feminism*, Hrsg. C. Bernheimer und C. Kahane, 56–91. London: Virago.

Mauss, Marcel. 2019. *Die Gabe.* Frankfurt a. M.: Suhrkamp. (urspr. 1923)

McCarthy, Mary. 1980. *Ideas and the novel.* New York: Harcourt, Brace, Jovanovich.

Mead, George H. 1973. *Geist, Identität und Gesellschaft aus der Sicht des Sozialbehaviorismus. Mit einer Einleitung herausgegeben von Charles W. Morris.* Frankfurt a. M.: Suhrkamp. (ursp. 1934).

Merleau-Ponty, Maurice. 1966. *Phänomenologie der Wahrnehmung.* Berlin: deGruyter. (urspr. 1945).

Mersch, Dieter. 2002. *Was sich zeigt. Materialität, Präsenz, Ereignis.* München: Fink.

Meyer, Adolf-Ernst. 1994. Nieder mit der Novelle als Psychoanalysedarstellung – Hoch lebe die Interaktionsgeschichte. *Zeitschrift für Psychosomatische Medizin und Psychoanalyse* 40:77–98.

Michels, Robert. 2000. The case history. *Journal of the American Psychoanalytic Association* 48(2):355–375.

Möbius, Stefan. 2006. *Die Zauberlehrlinge.* Konstanz: UVK.

Mondada, Lorenza. 2016. Zwischen Text und Bild: Multimodale Transkription. In *Interaktionsarchitektur, Sozialtopographie und Interaktionsraum*, Hrsg. H. Hausendorf, R. Schmitt, und W. Kesselheim, 111–160. Tübingen: Narr Francke Attempto Verlag.

Nancy, Jean-Luc. 1993. *The birth to presence*. Stanford: Stanford University Press.

Neckel, Sighard. 2014. Art. Kracauer, Siegfried (*8.2.1889 Frankfurt/M., +26.11.1966 New York). Die Angestellten. Aus dem neuesten Deutschland. In *Lexikon der soziologischen Werke*, 2. Aufl. Hrsg. G. Oesterdiekhoff, 387 f. Wiesbaden: Westdeutscher.

Nelson, Katherine. 1996. *Language in cognitive development. The emergence of the mediated mind*. Cambridge: Cambridge University Press.

Nothdurft. 1992. Medizinische Kommunikation: Geschlossene Diskurssysteme. *Deutsche Sprache* 3(92):193–206.

Nothdurft. 1996. *Konfliktsoff. Gesprächsanalyse der Konfliktbearbeitung in Schlichtungsgesprächen*. Berlin: deGruyter

Nothdurft, Werner. 1996. Schlüsselwörter. Zur rhetorischen Herstellung von Wirklichkeit. In *Gesprächsrhetorik*, Hrsg. W. Kallmeyer, 351-418. Tübingen: Narr.

Nothdurft, Werner. 1998a. *Wortgefecht und Sprachverwirrung. Gesprächsanalyse der Konfliktsicht von Streitparteien*. Wiesbaden: Westdeutscher.

Nothdurft, Werner. 1998b. Eine kurze Geschichte der langen Suche nach dem Verstehen. In *Blick und Bild*, Hrsg. T. Borsche, J. Kreuzer, und C. Strub, 131–147. München: Fink.

Nothdurft, Werner. 2002a. Die poetische Dimension alltäglichen Streitens. In *Soziale Welten und kommunikative Stile*, Hrsg. I. Keim und W. Schütte, 473–498. Tübingen: Narr.

Nothdurft, Werner. 2002b. Embodiment und Stabilisierung. Prinzipien interaktiver Bedeutungskonstitution. In *be-deuten. Wie Bedeutung im Gespräch entsteht*, Hrsg. A. Deppermann und T. Spranz-Fogasy, 59–72. Tübingen: stauffenburg.

Nothdurft, Werner. 2006. Gesprächsphantome. *Deutsche Sprache* 34:32–43.

Nothdurft, Werner. 2007a. Anerkennung. In *Handbuch Interkulturelle Kommunikation und Kompetenz*, Hrsg. J. Straub, A. Weidemann, und D. Weidemann, 110–122. Stuttgart: Metzler.

Nothdurft, Werner. 2007b. Kommunikation. In *Handbuch Interkulturelle Kommunikation und Kompetenz*, Hrsg. J. Straub, A. Weidemann, und D. Weidemann, 24–35. Stuttgart: Metzler.

Nothdurft, Werner. 2008. The politics of conversation. An essay on theorizing social interaction. In *Communication and public policy*, Hrsg. E. Petersen. Virginia Tech Digital Library.

Nothdurft, Werner. 2014. Kulturelle Transzendenz. In *Dialog und (Inter-)Kulturalität*, Hrsg. S. Meier, et al., 125–136. Tübingen: Stauffenburg.

Nothdurft, Werner, und Johannes Schwitalla. 1995. Gemeinsam musizieren. Plädoyer für ein neues Leitbild für die Betrachtung mündlicher Kommunikation. *Der Deutschunterricht* 1(95):30–42.

Ochs, Elinor. 1979. Transcription as theory. In *Developmental pragmatics*, Hrsg. E. Ochs und B. Schieffelin, 43–72. New York: Academic.

Otto, Rudolf. 2014. *Das Heilige. Über das Irrationale in der Idee des Göttlichen und sein Verhältnis zum Rationalen*. München: Beck. (urspr. 1917).

Overbeck, Gerd. 1993. Die Fallanalyse als literarische Verständigungs- und Untersuchungsmethode – Ein Beitrag zur Subjektivierung. In *Die Fallgeschichte. Beiträge zu ihrer*

Bedeutung als Forschungsinstrument, Hrsg. U. Stuhr und F. Deneke, 43–60. Heidelberg: Asanger.

Parsons, Talcott, und Edward A. Shils, Hrsg. 1965. *Toward a general theory of action. Theoretical foundations for the social sciences.* New York: XXXX.

Peräkylä, Anssi. 2012. Die Interaktionsgeschichte einer Deutung. In *Sozialität in slow motion*, Hrsg. R. Ayaß und C. Meyer, 375–403. Wiesbaden: Springer.

Petersen, Jürgen. 1993. *Erzählsysteme. Eine Poetik epischer Texte.* Stuttgart: Metzler.

Pfab, Antje. 2019. "… muss man im Kontext sehen!" – Professionalität im Umgang mit Kontextvielfalt im Coaching. In *Inspiriertes Coaching. Neun Impulse erfahrener Coaches in Zeiten der Transformation*, Hrsg. A. Pfab, 155–183. Göttingen: Vandenhoeck & Ruprecht.

Pfab, Antje. 2021. *Die Bedeutung von Übergangsritualen in der reflexiven Beratung.* Wiesbaden: Springer.

Pfab, Werner. 2016. Verbal art and social conflict. In *Performativity*, Hrsg. K. Carragee und A. Mönnich. Virginia Tech Digital Library.

Pfab, Werner. 2019. Improvisation im Coaching. In *Inspiriertes Coaching. Neun Impulse erfahrener Coaches in Zeiten der Transformation*, Hrsg. A. Pfab, 53–78. Göttingen: Vandenhoeck & Ruprecht.

Pfab, Werner. 2020a. *Kompetent beraten in der Sozialen Arbeit – Bausteine für eine gute Beratungsbeziehung.* München: Reinhardt.

Pfab, Werner. 2020b. *Kommunikation in der Arbeitswelt.* Wiesbaden: Springer essential.

Pfab, Werner. 2021. *Kommunikation denken. Anregungen zu einem angemessenen Verständnis sozialer Kommunikation.* Wiesbaden: Springer.

Plessen, Elisabeth. 1981. *Fakten und Erfindungen. Zeitgenössische Epik im Grenzgebiet von fiction und non-fiction.* Frankfurt a. M.: Ullstein.

Plessner, Helmuth. 1970. *Philosophische Anthropologie.* Frankfurt a. M.: Fischer.

Postman, Neil. 1985. *Amusing ourselves to death. Public discourse in the age of show business.* London: Penguin.

Przyborski, Aglaja, und Monika Wohlrab-Sahr. 2008. *Qualitative Sozialforschung. Ein Arbeitsbuch.* München: Oldenbourg.

Reichertz, Jo. 2009. *Kommunikationsmacht. Was ist Kommunikation und was vermag sie? Und weshalb vermag sie das?* Wiesbaden: Springer

Reichertz, Jo. 2013. Grundzüge des Kommunikativen Konstruktivismus. In *Kommunikativer Konstruktivismus. Theoretische und empirische Arbeiten zu einem neuen wissenssoziologischen Ansatz*, Hrsg. R. Keller, J. Reichertz, und H. Knoblauch, 49–68. Wiesbaden: Springer.

Reichertz, Jo. 2021. Kommunikationsmacht, soziale Macht, Körpermacht. In *Facetten der Kommunikationsmacht*, Hrsg. N. Schöer, O. Bidlo, V. Keysers, und M. Roslon, 289–331. Weinheim: Beltz Juventa.

Reisman, Karl. 1974. Contrapuntal conversations in an Antiguan village. In *Explorations in the ethnography of speaking*, Hrsg. R. Bauman und J. Sherzer, 110–124. Cambridge: Cambridge University Press.

Renn, Joachim. 2014. *Performative Kultur und multiple Differenzierung. Soziologische Übersetzungen I.* Bielefeld: transkript.

Ricoeur, Paul. 1986. *Die lebendige Metapher.* München: Fink.

Ricoeur, Paul. 2006. *Wege der Anerkennung. Erkennen, Wiedererkennen, Anerkanntsein.* Frankfurt a. M.: Suhrkamp.

Rorty, Richard. 1989. *Kontingenz, Ironie und Solidarität.* Frankfurt a. M.: Suhrkamp.

Rosa, Hartmut. 2016. *Resonanz. Eine Soziologie der Weltbeziehung.* Berlin: Suhrkamp.

Rosaldo, Renato. 1986. From the door of his tent: The fieldworker and the inquisitor. In *Writing culture. The poetics and politics of ethnography*, Hrsg. J. Clifford und G. Marcus, 77–97. Berkeley: University of California Press.

Rüsen, Jörn. 2020. A turning point in theory of history: The place of Hayden White in the history of metahistory. *History and Theory* 59:92–102.

Sacks, Harvey. 1984. Notes on methodology. In *Structures of social action*, Hrsg. J.M. Atkinson und J. Heritage, 21–27. Cambridge: Cambridge University Press.

Sacks, Harvey, Emanuel Schegloff, und Gail Jefferson. 1974. A Simplest Systematics for the Organization of Turn-Taking for Conversation. *Language* 50:696–735.

Sacks, Oliver. 1997. *Eine Anthropologin auf dem Mars. Sieben paradoxe Geschichten.* Reinbek: Rowohlt.

Sahlins, Marshall. 1981. *Kultur und praktische Vernunft.* Frankfurt a. M.: Suhrkamp.

Sander, Louis. 1983. Polarity, paradox, and the organizational process in development. In *Frontiers of infant psychiatry*, Hrsg. J. Call, E. Galenson, und R. Tyson, 333–346. New York: Basic Books.

Sarraute, Nathalie. 1997. *hier.* Köln: Kiepenheuer & Witsch.

Savage, Mike. 2021. *The return of inequality. Social change and the weight of the past.* Cambridge: Harvard University Press.

Scheler, Max. 1954. Der Formalismus in der Ethik und die materiale Wertethik. In *Gesammelte Werke, Bd. 2.* Hrsg. M. Scheler. Bern: Francke. (ursp. 1926).

Scheler, Max. 1955. Die Idole der Selbsterkenntnis. In *Gesammelte Werke, Bd. 3.* Hrsg. M. Scheler, 213–292. Bern: Francke. (ursp. 1915).

Scheler, Max. 1960. Die Wissensformen und die Gesellschaft. In *Gesammelte Werke, Bd. 8.* Hrsg. M. Scheler. Bern: Francke.

Scheler, Max. 1974. *Wesen und Formen der Sympathie.* Bern: Francke. (urspr. 1923).

Scheler, Max. 1986. Ordo Amoris. In *Schriften aus dem Nachlass, Bd. 1.* Hrsg. M. Scheler, 345–376. Bonn: Bouvier.

Schieffelin, Edward. 1985. Performance and the cultural construction of reality. *American Ethnologist* 12:707–724.

Schieffelin, Edward. 2005. Moving performance into text: Can performance be transribed? *Oral Tradition* 20:80–92.

Schings, Hans-Jürgen. 1980. *Der mitleidigste Mensch ist der beste Mensch. Poetik des Mitleids von Lessing bis Büchner.* München: Beck.

Schlicht, Tobias. 2013. Mittendrin statt nur dabei: wie funktioniert soziale Kognition? In *Grenzen der Empathie. Philosophische, psychologische und anthropologische Perspektiven*, Hrsg. T. Breyer, 45–91. München: Fink.

Schröer, Norbert. 1999. Intersubjektivität, Perspektivität und Zeichenkonstitution. In *Hermeneutische Wissenssoziologie*, Hrsg. R. Hitzler, et al., 187–212. Konstanz: KUV.

Schütz, Alfred. 1971. *Das Problem der Relevanz. Herausgegeben und erläutert von Richard M. Zaner. Einleitung von Thomas Luckmann.* Frankfurt a. M.: Suhrkamp.

Schütz, Alfred. 1972a. Don Quixote und das Problem der Realität. In *Gesammelte Aufsätze*. *Bd. 2: Studien zur soziologischen Theorie*, Hrsg. A. Schütz, 102–128. Den Haag: Martinus Nijhoff. (urspr. 1955).

Schütz, Alfred. 1972b. Der gut informierte Bürger. In *Gesamelte Aufsätze*. *Bd. 2: Studien zur soziologischen Theorie*, Hrsg. A. Schütz, 85–101. Den Haag: Martinus Nijhoff. (urspr. 1946).

Schütz, Alfred. 2004. *Der sinnhafte Aufbau der sozialen Welt. Eine Einleitung in die verstehende Soziologie. Band II*. Konstanz: UVK

Schütz, Alfred. 2009. Das Problem der transzendentalen Intersubjektivität bei Husserl. In *Philosophisch-phänomenologische Schriften 1. Zur Kritik der Phänomenologie Edmund Husserls. III.1*, Hrsg. A. Schütz, 227–256. Konstanz: UVK.

Schütz, Alfred, und Thomas Luckmann. 1994. *Strukturen der Lebenswelt. 2 Bände*. Frankfurt a. M.: Suhrkamp.

Schützeichel, Werner. 2016. Materialitäten und Atmosphären. Eine soziologische Analyse am Beispiel der menschlichen Stimme. In *Materialität. Herausforderungen für die Sozial- und Kulturwissenschaften*, Hrsg. H. Kalthoff, T. Cress, und T. Röhl, 393–412. Paderborn: Fink.

Schwitalla, Johannes. 1992. Über einige Weisen des gemeinsamen Sprechens. Ein Beitrag zur Theorie der Beteiligungsrollen im Gespräch. In *Zeitschrift für Sprachwissenschaft 11*:68-98.

Sennett, Richard. 2008. *Handwerk*. Berlin: Berlin Verlag.

Sennett, Richard. 2012. *Zusammenarbeit. Was unsere Gesellschaft zusammenhält*. Berlin: Hanser.

Simmel, Georg. 1999. *Soziologie. Untersuchungen über die Formen der Vergesellschaftung. Gesamtausgabe Band II*. Frankfurt a. M.: Suhrkamp.

Smith, Adam. 2004. *Theorie der ethischen Gefühle*. Nach der Auflage letzter Hand übersetzt und mit Einleitung, Anmerkungen und Registern herausgegeben von Walther Eckstein. Hamburg: Meiner. (urspr. 1759)

Snyder, Jon R. 2009. *Dissimulation and the culture of secrecy in early modern Europe*. Berkeley: University of California Press.

Soeffner, Hans-Georg. 1989. *Auslegung des Alltags – Der Alltag der Auslegung. Zur wissenssoziologischen Konzeption einer sozialwissenschaftlichen Hermeneutik*. Frankfurt a. M.: Suhrkamp.

Sofsky, Wolfgang, und Rainer Paris. 1994. *Figurationen sozialer Macht*. Frankfurt a. M.: Suhrkamp.

Srubar, Ilja. 2006. Wo liegt Macht? Zur Semantik- und Sinnbildung in der Politik. Online Veröffentlichung zum Workshop *Das Politische. Bild und Wirklichkeit. 9.–11.* März 2006, Wien. Veranstaltet von der Internationalen Voegelin-Gesellschaft für Politik, Kultur und Religion e. V., München.

Staw, Barry. 1987. Behavior in escalation situations: Antecedents, prototypes, and solutions. *Research in Organizational Behavior* 9:39–78.

Stein, Martin. 1988. Writing about psychoanalysis: I. Analysts who write and those who do not. *Journal of the American Psychoanalytical Association* 36:105–124.

Stern, Daniel. 2004. *The present moment in psychotherapy and everyday life*. New York: Norton.

Stern, Daniel. 2006. Auf der anderen Seite des Mondes: Die Bedeutung impliziten Wissens für die Gestalttherapie. In *Die Kunst der Gestalttherapie. Eine schöpferische Wechselbeziehung*, Hrsg. M. Spagnuolo-Loob und N. Amendt-Lyon, 27–44. Wien: Springer.

Stierle, Karl-Heinz. 1977. Die Struktur narrativer Texte. Am Beispiel von J.P. Hebels Kalendergeschichten „Unverhofftes Wiedersehen". In *Funk-Kolleg Literatur. Bd. 1*, Hrsg. H. Brachert und E. Lämmert, 210–233. Weinheim: Beltz.

Straus, Erwin. 1925. Wesen und Vorgang der Suggestion. *Abhandlungen aus der Neurologie, Psychiatrie, Psychologie und ihren Grenzgebieten* 28:1–86.

Straus, Erwin. 1963. *The primary world of the senses. A vindication of sensory experience.* London: Free Press

Straus, Erwin. 1978. *Vom Sinn der Sinne.* Berlin: Springer. (urspr. 1935).

Straus, Erwin. 1980. Der Seufzer. Einführung in eine Lehre vom Ausdruck. In *Medizinisch-psychologische Anthropologie.* Hrsg. W. Bräutigam, 145–168. Darmstadt: Wissenschaftliche Buchgesellschaft.

Stuhr, Ulrich. 2007. Die Bedeutung der Fallgeschichte für die Entwicklung der Psychoanalyse. *Psyche* 61:943–965.

Tannen, Deborah. 1989. *Talking voices. Repetition, dialogue, and imagery in conversational discourse.* Cambridge: Cambridge University Press.

Taussig, Michael. 2013. *Sympathiezauber.* Konstanz: KUV.

Taylor, Charles. 1995. The importance of Herder. In *Philosophical arguments*, Hrsg. Ch. Taylor, 79–99. Cambridge: Harvard University Press.

Taylor, Talbot. 1992. *Mutual misunderstanding. Sceptizism and the theorizing of language and interpretation.* Durham: Duke University Press.

Tellenbach, Hubertus. 1968. *Geschmack und Atmosphäre. Medien menschlichen Elementarkontakts.* Salzburg: Müller.

Thériault, Barbara. 2020. *Die Bodenständigen.* Leipzig: edition überland.

Thornton, Robert. 1985. ‚Imagine yourself set down …', Mach, Frazer, Conrad, Malinowski and the role of imagination in ethnography. *Anthropology Today* 1:7–14.

Tomasello, Michael. 2009. *Die Ursprünge der menschlichen Kommunikation.* Frankfurt a. M.: Suhrkamp.

Turner, Victor. 2005. *Das Ritual: Struktur und Anti-Struktur.* Frankfurt a. M.: Campus.

Tyler, Stephen. 1978. *The said and the unsaid.* New York: Academic.

VanNaamen, John. 2011. *Tales of the field*, 2. Aufl. Chicago: Chicago University Press.

Vann, Richard. 2002. The reception of Hayden White. *History & Theory* 37:143–161.

Vogl, Josef. 2011. *Kalkül und Leidenschaft*, 4. Aufl. Zürich: diaphanes.

Vogt, Jochen. 2006. *Aspekte erzählender Prosa*, 9. Aufl. München: Fink.

vom Lehn, Dirk. 2018. *Ethnomethodologische Interaktionsanalyse.* Weinheim: Beltz Juventa.

Warsitz, Rolf, und Joachim Küchenhoff. 2015. *Psychoanalyse als Erkenntnistheorie – psychoanalytische Erkenntnisverfahren.* Stuttgart: Kohlhammer.

Watzlawick, Paul, Janet Beavin, und Don Jackson. 2016. *Menschliche Kommunikation. Formen, Störungen, Paradoxien*, 13. Aufl. Göttingen: Hogrefe.

Weber, Kathrin. 2009. Das Schreiben der (Fall-)Geschichte. Was französische Analytiker von Fallgeschichten erwarten. In *Behandlungsberichte und Therapiegeschichten. Wie Therapeuten und Patienten über Psychotherapie schreiben*, Hrsg. H. Kächele und F. Pfäfflin, 111–136. Gießen: psychosozial.

Weber, Max. 1988. *Gesammelte Aufsätze zur Wissenschaftslehre*. Hrsg. J. Winckelmann. Tübingen: Mohr.

Weber, Wilfried. 2012. *Wege zum helfenden Gespräch*, 14. Aufl. München: Reinhardt.

Wegmann, Thomas. 2016. „Die Welt ist alles, was der Fall ist". Zur Einführung. In *Fallgeschichte(n) als Narrativ zwischen Literatur und Wissen*, Hrsg. T. Wegmann und M. King, 7-25. Innsbruck: Innsbruck University Press.

Weizsäcker, Viktor v. 1948. *Arzt und Kranker*. Stuttgart: Köhler.

White, Hayden. 1986. *Auch Klio dichtet, oder die Fiktion des Faktischen: Studien zur Tropologie des historischen Diskurses*. Stuttgart: Klett-Cotta.

Wittgenstein, Ludwig. 2003. *Philosophische Untersuchungen*. Frankfurt a. M.: Suhrkamp.

Zumthor, Paul. 1988. Körper und Performanz. In *Materialität der Kommunikation*, Hrsg. H.U. Gumbrecht und K.L. Pfeiffer, 703–713. Frankfurt a. M.: Suhrkamp.

Zumthor, Paul. 1990. *Einführung in die mündliche Dichtung*. Berlin: Akademie.

Zumthor, Paul. 1994. *Die Stimme und die Poesie in der mittelalterlichen Gesellschaft*. München: Fink.

Zwiebel, Ralf. 2010. *Der Schlaf des Analytikers: die Müdigkeitsreaktion in der Gegenübertragung*, 3. Aufl. Stuttgart: Klett-Cotta.

The manufacturer's authorised representative in the EU is Springer Nature Customer Service Centre GmbH, Europaplatz 3, 69115 Heidelberg, Germany. If you have any concerns regarding our products, please contact ProductSafety@springernature.com

Printed and bound by CPI Group (UK) Ltd, Croydon, CR0 4YY

28/04/2026

02098537-0001